送给父母的法律课堂

俞里江 张金海 郑东梅 主编

—— 老年人权益保护案例精析

中国法制出版社
CHINA LEGAL PUBLISHING HOUSE

序
Preface

"人口老龄化是社会发展的重要趋势,是人类文明进步的重要体现,也是我国今后较长一个时期的基本国情。"中共中央、国务院印发的《国家积极应对人口老龄化中长期规划》明确了我国未来社会的人口结构,以及积极应对人口老龄化的战略目标。我国自1999年进入老龄社会,老年人口规模日益庞大、老龄化程度日益加深。第七次全国人口普查结果显示,我国60岁及以上人口已达2.64亿,占总人口的比重比2010年上升了5.44个百分点,其中65岁及以上人口1.9亿,占13.5%。预计到2048年前后将超越发达国家人口老龄化的平均水平,跨入全球人口老龄化水平最高的国家行列。从老年人口的特征看,我国老年人口基数大、在全球占比高,人口老龄化的速度快,高龄老人和失能老人多,空巢化和独居化加剧。同时,老龄化的区域分布发生新变化。"十四五"期间,老龄化城乡倒置现象将进一步加剧,预计农村人口老龄化高出城市老龄化的程度将由1.1个百分点提高到9.4个百分点。部分人口净流出的农村和城市,将经历人口负增长和人口急速老龄化叠加。部分一、二线城市中心城区将面临老年人口高度聚集、过度老龄化与"大城市病"叠加的难题。

针对新时代我国人口老龄化的新形势新特点,党中央、国务院立足中华民族伟大复兴战略全局,坚持以人民为中心的发展思想，为全面贯彻落实积极应对人口老龄化国家战略，着力解决老年人在养老、健康、精神文化生活、社会参与等方面的现实需求问题，让老年人共享改革发展成果、安享幸福晚年，采取了一系列举措。

党的十九届五中全会明确把积极应对人口老龄化列入国家战略。《中华人民共和国国民经济和社会发展第十四个五年规划和2035年远景目标纲要》设专章对"实施积极应对人口老龄化国家战略"作出部署。中共中央、国务院印发《关于加强新时代老龄工作的意见》《国家积极应对人口老龄化中长期规划》，国务院颁布并推动实施"十三五""十四五"国家老龄事业发展和养老体系建设规划。同时，有关老龄政策的法律法规不断完善。老年人权益保障法多次修订、修正，公共文化、基本医疗和公共卫生、民法典等专门法律增加涉老条款。养老服务、老年人医疗服务和康复护理等方面的管理规范、技术标准密集出台。老年人合法权益保护力度加大，切实增强了广大老年人的获得感、幸福感和安全感。

在此背景下，我们与延庆区人民法院再次合作，编写了这本《送给父母的法律课堂：老年人权益保护案例精析》，以期用我们的社会责任感和法官们的专业精神，为广大老年人提供一本护身"宝典"。本书共分为5编，包括养老诈骗编、合同纠纷编、婚姻家庭编、侵权责任编、居住保障编，收录22个案例，用通俗的语言解答老年人身边常见的法律问题，并呼吁广大子女多与父母沟通交流，关爱父母、理解父母，帮助父母维护合法权益。

希望通过对这些案例的集中展示和解读，能为广大老年人及其子女奉献一堂通俗易懂的法律课，通过阅读本书拉进两代人的认知距离，为广大老年人共享发展成果、安享晚年生活提供行为指引、规则参考与风险提示，用法律为老年人权益保驾护航。

张金海
2023年10月

目录 Contents

养老诈骗编

引　言 ··· 2

案例一

保险诈骗套路多，擦亮眼睛识陷阱 ································· 3
——养老保险诈骗的套路及防范

前因后果 ·· 4
　（一）步步为营获信任 ·· 4
　（二）以利诱之落陷阱 ·· 4
　（三）法官判决惩罪犯 ·· 5
是非曲直 ·· 5
　（一）养老保险诈骗的套路模式 ···························· 5
　（二）养老保险待遇的给付条件 ···························· 6
　（三）养老保险的申请条件 ································· 8
法官提示 ·· 9
　（一）办理养老保险应通过正规途径 ····················· 9
　（二）老年人应当针对性提高防诈能力 ·················· 9
　（三）加强源头管控，防止公民信息泄露 ················ 10
法律链接 ·· 10

案例二

**"候鸟""共享康养"养老项目，老年人勿入
  的"坑"** ·· 12
　　——养老项目诈骗的套路及防范
　前因后果 ·· 13
　　（一）5 倍收益回报的"养老投资项目" ··············· 13
　　（二）令人动心的"净、稳"收益 ························ 13
　　（三）法院判决揭"幌子" ···································· 14
　是非曲直 ·· 15
　　（一）组织、领导传销活动罪与集资诈骗罪的区别 ····· 15
　　（二）传销性质的非法集资主要表现形式 ············ 16
　　（三）传销犯罪的特征 ·· 17
　法官提示 ·· 18
　　（一）互联网不断发展，传销组织的手段不断
　　　　　翻新，骗局为何屡屡得手？ ······················· 18
　　（二）老年人如何避免落入投资"养老项目"
　　　　　骗局？ ··· 19
　法律链接 ·· 21

案例三

警惕"以房养老"骗局，守护父母晚年家园 ················· 23
　　——"以房养老"的套路及防范
　前因后果 ·· 24
　　（一）"优质"理财找上门 ···································· 24
　　（二）草率投资"获"收益 ···································· 25
　　（三）"房不剩房"遇骗局 ···································· 25

（四）法院判决追损失 …………………………… 25
　是非曲直 ……………………………………………… 26
　　（一）"以房养老"骗局有三个特点 …………………… 26
　　（二）正规"以房养老"产品是保险而非理财 ……… 27
　法官提示 ……………………………………………… 29
　　（一）子女可以为父母设立居住权 …………………… 29
　　（二）子女应当帮助父母甄别"以房养老"骗局 …… 30
　　（三）子女应当及时发现并阻止针对父母的诈骗 …… 31
　法律链接 ……………………………………………… 32

案例四

"老年保健品"套路多，"灵丹妙药"不轻信 …………… 34
　　——保健品诈骗的套路与防范
　前因后果 ……………………………………………… 35
　　（一）养生讲座免费听 ………………………………… 35
　　（二）一时脑热买"神药" ……………………………… 35
　　（三）法院判决惩罪犯 ………………………………… 36
　是非曲直 ……………………………………………… 37
　　（一）保健品诈骗的套路模式 ………………………… 37
　　（二）如何科学理性购买保健品 ……………………… 38
　法官提示 ……………………………………………… 39
　　（一）什么是保健食品 ………………………………… 40
　　（二）保健食品不等于药品 …………………………… 41
　　（三）如何维权及时止损 ……………………………… 41
　法律链接 ……………………………………………… 42

案例五
打"感情牌"赠小礼品,"养老帮扶"要当心 …………… 44
——养老帮扶诈骗的套路与防范
前因后果 …………………………………………… 45
（一）小恩小惠作诱饵 …………………………… 45
（二）充值返现陷骗局 …………………………… 46
（三）法院判决扬正义 …………………………… 47
是非曲直 …………………………………………… 47
法官提示 …………………………………………… 49
（一）老年人自身应增强防骗意识 ……………… 49
（二）子女应该给予父母更多关爱与陪伴 ……… 50
（三）社会应加强对老年人的宣传教育和保障
服务 …………………………………………… 51
法律链接 …………………………………………… 52

小 结 …………………………………………… 54

合同纠纷编

引 言 …………………………………………… 58

案例一
警惕瞄准老年人的保健产品消费欺诈 ……………… 59
——对老年人消费欺诈,应承担惩罚性赔偿责任
前因后果 …………………………………………… 60
（一）花招不断骗取信任 ………………………… 60
（二）重金买下"治病"床垫 …………………… 60
（三）花钱容易退钱遭阻 ………………………… 61
（四）法院判决惩恶扬善 ………………………… 62

是非曲直 ································· 62
　（一）经营者向消费者提供的信息应当真实、
　　　　全面 ······························· 62
　（二）经营者提供商品或服务存在欺诈行为的，
　　　　应承担惩罚性赔偿责任 ··················· 63
法官提示 ··································· 63
　（一）熟悉消费欺诈套路，增强防骗意识 ········· 63
　（二）崇尚科学保持清醒，理性购买保健产品 ····· 64
　（三）陪伴和沟通，是消费欺诈的有效预防手段 ····· 65
法律链接 ··································· 66

案例二

遇"旅游陷阱"别担心，用法律武器来维权 ············ 68
——旅游经营者未尽到安全保障义务应承担违约责任
前因后果 ··································· 69
　（一）签订合同去旅行 ······················· 69
　（二）旅行途中受重伤 ······················· 69
　（三）旅行社拒不担责 ······················· 70
　（四）法院判决化矛盾 ······················· 70
是非曲直 ··································· 71
　（一）旅游经营者未尽到安全保障义务应承担
　　　　违约责任 ··························· 71
　（二）自身对事故的发生有过错要承担相应损失 ····· 71
法官提示 ··································· 72
　（一）选择正规旅游经营者 ··················· 72
　（二）订立旅游合同要谨慎 ··················· 72

（三）遭受损失后注意留存证据 ………………………… 73
　　法律链接 …………………………………………………… 73

案例三

辨别养老机构需要有一双"慧眼" ………………………… 75
　　——免责条款不能排除养老机构应尽的护理义务
　　前因后果 …………………………………………………… 76
　　　　（一）入住养老公寓 ……………………………………… 76
　　　　（二）老人不幸去世 ……………………………………… 77
　　　　（三）双方各持己见 ……………………………………… 77
　　　　（四）两级法院判决 ……………………………………… 78
　　是非曲直 …………………………………………………… 78
　　　　（一）合同双方应按照合同约定履行义务 …………… 78
　　　　（二）免责条款不能排除养老公寓应尽的护理
　　　　　　　义务 ……………………………………………… 78
　　法官提示 …………………………………………………… 79
　　　　（一）选择养老机构需要细心甄别 …………………… 79
　　　　（二）养老机构的服务并未导致监护职责的转移 …… 80
　　　　（三）合同中约定造成对方人身伤害的免责条
　　　　　　　款无效 …………………………………………… 80
　　法律链接 …………………………………………………… 81

案例四

民间借贷合同处处是学问 ………………………………… 83
　　——关于夫妻债务、借款本金、保证责任的认定
　　前因后果 …………………………………………………… 84

（一）借款合同埋伏笔 …………………………… 84
　　（二）意外去世起纠纷 …………………………… 84
　　（三）各执一词互不让 …………………………… 85
　　（四）法庭调解见成效 …………………………… 85
　　（五）法院判决止纷争 …………………………… 86
是非曲直 ……………………………………………… 86
　　（一）夫妻双方对夫妻共同债务都负有偿还义务 …… 86
　　（二）民间借贷借款本金应以实际出借金额为准 …… 86
　　（三）保证期间届满，保证人保证责任灭失 ……… 87
法官提示 ……………………………………………… 87
　　（一）子女应尊重父母对个人财产进行处分的
　　　　　自由 ……………………………………… 87
　　（二）民间借贷出具借款要保留痕迹 ……………… 88
　　（三）民间借贷约定利息要符合法律保护标准 …… 88
法律链接 ……………………………………………… 89

[案例五]

排除消费者合法权利的格式条款无效 …………… 91
——以典型的预付式消费为切入点
前因后果 ……………………………………………… 92
　　（一）头脑发热充值办卡 ………………………… 92
　　（二）因事生变退卡被拒 ………………………… 93
　　（三）商家老人各有诉求 ………………………… 93
　　（四）法院判决定分止争 ………………………… 94
是非曲直 ……………………………………………… 94
　　（一）预付卡消费"冷静期"有法可依 …………… 94

（二）排除对方主要权利的格式条款无效 95
　　（三）合同解除后，当事人有权根据履行情况
　　　　 和合同性质请求对方赔偿损失 95
　法官提示 96
　　（一）面对预付卡的所谓"便宜"，消费者切莫
　　　　 冲动 96
　　（二）商家要依法诚信经营 96
　　（三）老年人要学法懂法、遇事找法、解决问
　　　　 题用法 97
　法律链接 97
小　结 100

婚姻家庭编

引　言 102

案例一

遗嘱效力优先于法定继承 103
——尊重并履行父母遗嘱是子女应尽的义务
　前因后果 104
　　（一）父亲生前立遗嘱 104
　　（二）公证遗嘱遭质疑 104
　　（三）事实查清解矛盾 104
　　（四）法院判决化纠纷 105
　是非曲直 106
　　（一）遗嘱效力优先于法定继承 106
　　（二）公证遗嘱内容的真实性无须进行举证 106
　　（三）居住权的设立需满足法定条件 107

法官提示 ································· 108
　　　（一）遗嘱形式多样化但须满足法定条件才属
　　　　　　合法有效 ··························· 108
　　　（二）子女应尊重父母遗嘱并履行遗嘱内容······ 109
　　　（三）让父母"老有所居"是子女应尽的赡养
　　　　　　义务 ······························· 109
　　　（四）儿女为父母设立居住权需符合法律规定
　　　　　　的形式要件 ························· 109
　　法律链接 ································· 110

案例二
赡养父母是子女的法定义务 ················· 113
　　——成年子女不得以放弃继承权或者其他理由拒绝
　　　　履行对父母的赡养义务
　　前因后果 ································· 114
　　　（一）母亲生病起纷争 ····················· 114
　　　（二）四女各自有理由 ····················· 114
　　　（三）法院判决解纷争 ····················· 115
　　是非曲直 ································· 116
　　　（一）子女不得以未分得父母财产为由拒绝履
　　　　　　行赡养义务 ························· 116
　　　（二）子女不得以父母未帮忙照看孩子为由拒
　　　　　　绝履行赡养义务 ····················· 117
　　　（三）继子女不得以非亲生为由拒绝履行赡养
　　　　　　义务 ······························· 117

（四）子女不得以父母在其年幼时未尽抚养义
务为由拒绝履行赡养义务 …………… 118
（五）子女不得以其他理由拒绝履行赡养义务…… 118
法官提示 ………………………………………… 119
（一）继子女什么情况下无须对父母履行赡养
义务？ ………………………………… 119
（二）儿媳对公婆是否负有赡养义务？ ………… 120
（三）已被他人收养的子女成年后是否需要赡
养亲生父母？ ………………………… 120
（四）孙子女及外孙子女对祖父母或者外祖父
母是否有赡养义务？ ………………… 120
（五）由兄、姐扶养长大的弟、妹成年后对兄、
姐是否负有扶养义务？ ……………… 121
（六）尽了赡养义务的子女为什么还会成为赡
养纠纷案件的被告？ ………………… 121
法律链接 ………………………………………… 122

案例三

老年人同居养老需谨慎 ………………………………… 123
——老年人同居期间财产纷争的法律处理
前因后果 ………………………………………… 123
是非曲直 ………………………………………… 125
（一）老年人非婚同居关系的法律性质 ………… 125
（二）老年人非婚同居财产纠纷的处理 ………… 126
法官提示 ………………………………………… 128
（一）提前拟定同居协议 ………………………… 129

（二）共同财产保留证据 ……………………………… 129
　　（三）书面合同有备无患 ……………………………… 130
　法律链接 …………………………………………………… 131

案例四

最大程度实现"老有所依、老有所护" ………………… 133
　　——监护人应当按照最有利于被监护老年人的原则
　　　　履行监护职责

　前因后果 …………………………………………………… 134
　　（一）离婚诉讼确定监护人 …………………………… 134
　　（二）子女认为原监护人怠于履行监护职责起
　　　　　纷争 …………………………………………… 134
　　（三）原告、被告双方争夺失智老人的监护权 ……… 135
　　（四）法院按照最有利于被监护人的原则判决
　　　　　变更监护人 …………………………………… 135
　是非曲直 …………………………………………………… 136
　　（一）监护人的确定存有争议可向相关部门申
　　　　　请指定 ………………………………………… 136
　　（二）监护人履行监护职责的基础原则 ……………… 136
　　（三）怠于履行监护职责的监护人资格应当被
　　　　　撤销 …………………………………………… 137
　法官提示 …………………………………………………… 138
　　（一）监护人应当全面履行监护职责 ………………… 138
　　（二）"最有利于被监护人"原则的适用标准 ……… 138
　　（三）"最有利于被监护人"原则的判断标准 ……… 139
　法律链接 …………………………………………………… 141

案例五

最美夕阳红：始于相恋，成于相伴 …………………… 144
　　——老年人结婚自由，离婚亦自由
　前因后果 …………………………………………… 145
　　（一）再婚重新建家庭 …………………………… 145
　　（二）生活费用起纷争 …………………………… 145
　　（三）各方各自有苦衷 …………………………… 146
　　（四）法院判决化矛盾 …………………………… 146
　是非曲直 …………………………………………… 147
　　（一）老年人享有结婚自由 ……………………… 147
　　（二）老年人享有离婚自由 ……………………… 148
　　（三）离婚与否应当遵从老年人的真实意思表
　　　　　示和法律规定 …………………………… 149
　法官提示 …………………………………………… 150
　　（一）搭伙生活≠结婚登记 ……………………… 150
　　（二）离婚有协议离婚和诉讼离婚两种方式 …… 152
　法律链接 …………………………………………… 153

小　结 ……………………………………………… 155

侵权责任编

引　言 ……………………………………………… 158

案例一

老年人发生交通事故如何维权？ …………………… 159
　　——留好证据，合理主张
　前因后果 …………………………………………… 159

- （一）事故突发 ····· 159
- （二）法院审理 ····· 160
- （三）法院裁判 ····· 160

是非曲直 ····· 161
- （一）发生交通事故可以主张哪些赔偿？ ····· 161
- （二）已过法定退休年龄，可以主张误工费吗？ ····· 162
- （三）医疗费非医保部分是否由保险公司承担？ ····· 162
- （四）交通事故由谁承担侵权责任？如何承担？ ····· 163
- （五）因交通事故伤残或死亡，年迈的父母怎么办？ ····· 163

法官提示 ····· 164
- （一）发生交通事故要注意收集证据 ····· 164
- （二）交通肇事后千万不要有逃逸行为 ····· 165

法律链接 ····· 165

案例二

六旬老人因工受伤，何人该担责？ ····· 167
——增强务工安全意识，合理维护自身权益

前因后果 ····· 168
- （一）劳务分包引纠纷 ····· 168
- （二）防范失序事故生 ····· 168
- （三）各方说法起争执 ····· 168
- （四）法院认定化纠纷 ····· 169

是非曲直 ····· 170
- （一）雇主有义务为老年雇员提供安全保障，尽到安全管理义务 ····· 170
- （二）老年雇员有过错的，需要承担相应责任 ····· 170

（三）接受劳务一方承担侵权损害赔偿责任的
　　　　范围 ………………………………………… 171
法官提示 …………………………………………… 171
　　（一）老年劳务提供者应严格遵守各项规章制度…… 171
　　（二）接受劳务一方需尽到安全管理义务………… 172
　　（三）出现事故后，合理合法化解矛盾…………… 172
法律链接 …………………………………………… 173

案例三

子女安装监控能否忽略父母隐私？ ……………… 174
　　——防止引发"不安"之忧
前因后果 …………………………………………… 175
　　（一）安装监控保安全 ……………………… 175
　　（二）要求拆除遭拒绝 ……………………… 175
　　（三）法院判决化矛盾 ……………………… 176
是非曲直 …………………………………………… 177
　　（一）子女不得以维护安全为由侵犯父母隐私权…… 177
　　（二）子女未经允许安装监控侵犯父母个人信
　　　　息权益 ………………………………………… 177
　　（三）在公共场所安装监控不成立侵权…………… 178
法官提示 …………………………………………… 179
　　（一）莫将安全感建立在父母的不安之上………… 179
　　（二）防范老年人的个人信息泄露………………… 180
法律链接 …………………………………………… 181

案例四

老年人遭受虐待该怎么办? ………… 183
——人身安全保护令可用于制止虐待行为
  前因后果 ………… 184
    (一) 拒不赡养起纷争 ………… 184
    (二) 威胁谩骂不安宁 ………… 184
    (三) 法院裁定止恶行 ………… 185
  是非曲直 ………… 185
    (一) 言语侮辱、贬损人格属于虐待行为 ………… 185
    (二) 法律明确禁止虐待老年人 ………… 186
    (三) 子女虐待父母应承担法律责任 ………… 186
  法官提示 ………… 187
    (一) 遭受虐待老年人的求助路径 ………… 187
    (二) 人身安全保护令可用于制止虐待行为 ………… 188
  法律链接 ………… 189

案例五

遗弃养父,是否"遗弃"了自己的人生? ………… 192
——遗弃罪的构成要件介绍
  前因后果 ………… 193
    (一) 收养长子数十年 ………… 193
    (二) 签订协议不来往 ………… 193
    (三) 病榻之前无孝子 ………… 194
    (四) 遗弃养父被判刑 ………… 194
  是非曲直 ………… 195
    (一) 什么是赡养义务? ………… 196

（二）什么是遗弃罪？ ································· 198
法官提示 ··· 200
　（一）及时介入调解，充分发挥基层群众组织
　　　　的帮教扶助作用 ······························· 200
　（二）面对遗弃行为，鼓励老年人积极运用法
　　　　律武器依法维权 ······························· 201
　（三）加强宣传教育，将社会主义核心价值观
　　　　融入家风建设 ·································· 201
法律链接 ··· 202

小　结 ·· 204

居住保障编

引　言 ·· 206

案例一

赡养费和居住权只能"二选一"？ ············· 207
——子女不得以支付赡养费为由剥夺父母的居住权
前因后果 ··· 208
　（一）父亲未履诺为长子盖新房埋隐患 ············· 208
　（二）父亲再婚加深父子嫌隙 ······················· 208
　（三）父亲起诉长子主张赡养费激化矛盾 ··········· 209
　（四）赶走父亲以房租支付赡养费再引纠纷 ········· 209
　（五）法院判决认定父亲居住权 ···················· 210
是非曲直 ··· 210
　（一）子女保障父母居住权是履行赡养义务的
　　　　形式之一 ······································ 210

（二）子女不得以父母未提供婚房为由剥夺父
　　　　　母居住权 …………………………………… 211
　法官提示 ………………………………………………… 211
　　（一）子女应当尊重父母意愿保障其法定居住权…… 211
　　（二）子女不得私自将父母享有居住权的房屋
　　　　　出租 ……………………………………………… 212
　法律链接 ………………………………………………… 213

案例二

如何保障再婚老伴儿晚年有个"家"？ …………… 215
　　——遗嘱设立居住权的注意事项
　前因后果 ………………………………………………… 216
　　（一）公证遗嘱设立居住权……………………………… 216
　　（二）居住权效力存疑引冲突…………………………… 216
　　（三）多方调查房屋情况渐明晰………………………… 217
　　（四）法院判决定纷争…………………………………… 217
　是非曲直 ………………………………………………… 218
　　（一）《民法典》施行前以遗嘱设立居住权的行
　　　　　为可以适用《民法典》 ………………………… 218
　　（二）遗嘱设立居住权遗嘱需有效 …………………… 218
　　（三）遗嘱设立居住权不以登记为生效要件………… 219
　　（四）房屋提前过户是否影响居住权的执行………… 219
　　（五）居住权设立应合理………………………………… 220
　法官提示 ………………………………………………… 220
　　（一）遗嘱设立居住权不以书面形式为必要条件…… 220
　　（二）遗嘱居住权自遗嘱生效时已经设立…………… 221

（三）设立居住权要及时登记预防争议 ………… 221
法律链接 …………………………………………… 222
小　结 ……………………………………………… 224

养老诈骗编

引 言

近年来,随着我国社会老龄化程度加深,老年人口数量不断攀升,一些不法经营者利用老年人信息闭塞、需要陪伴、渴望健康、认知较弱等特点,炒作概念,虚假宣传,设置陷阱,骗取老年人钱财,导致涉及老年人的诈骗问题日益突出。本编通过典型案例揭露养老诈骗套路和手法,帮助老年人提高法治意识和识骗防骗能力,以形成"不敢骗、不能骗、骗不了"的良好态势。

案例一

保险诈骗套路多，擦亮眼睛识陷阱
——养老保险诈骗的套路及防范

康 晶[①]

养老一直是全社会共同关注的话题，但是老年人因防范意识薄弱、辨别能力不强、法律知识不足，已经成为不法分子狩猎诈骗目标的"重灾区"。不法分子利用老年人急于享受养老保险的心理，通过施以小恩小惠的方式获取老年人信任，然后夸大自身能力并抛出诱饵，谎称可以为其办理养老保险等，一步步地将老年人引入设置好的陷阱，进而实施养老诈骗。

[①] 康晶，北京市延庆区人民法院审判管理办公室（研究室）法官助理。

前因后果

(一) 步步为营获信任

崔大爷[1]年近60岁,平时注重养生,有事没事就喜欢买点儿保健品,而且爱贪小便宜,这就给了诈骗分子可乘之机。自2017年起,陈某为实施电信诈骗活动,通过非法途径购买了崔大爷等多名老年人的客户资料,并配备了本地手机号码预备实施诈骗。

这之后,陈某按照事先购买的客户资料,通过配备的手机号码拨打电话,冒充移动公司的暗访员、养老办主任,与崔大爷等人沟通联络,并通过发放保健品等方式取得对方信任,套取老年人身体状况等信息。

(二) 以利诱之落陷阱

陈某宣称,其能够为没有工作的人员办理养老保险。女性满55周岁、男性满60周岁后每人每月可领取2000元退休金,未满年龄人员每月可领取500元生活费。为了取得崔大爷等人的信任,陈某还组织大家到移动公司各营业点拍照,到外地旅游,承诺办理该"养老保险"后可享受领取取暖

---

[1] 本书案例所涉人名及公司等均为化名。

费、免费旅游等待遇,还可购买移动公司在海南等地的员工福利房,并将租借的本地高档小区房屋包装成移动公司的员工福利房,组织老年人参观。陈某收取"保险金"后,只向部分被害人按照约定支付了少量"退休金"和"生活费",之后便不再支付。

本案案发时,陈某以代办养老保险为名诈骗100名有办理养老保险需求人员共计368.75万元,其中,陈某以发放"退休金"和"生活费"名义向部分被害人支付78.4万元,其余款项均用于陈某个人消费。

(三) 法官判决惩罪犯

法院经审理认为,陈某以非法占有为目的,通过虚构事实等方法诈骗他人钱财,数额特别巨大,故以诈骗罪判处陈某有期徒刑13年,并处罚金人民币20万元。陈某未上诉,判决已生效。

▷ 是非曲直

(一) 养老保险诈骗的套路模式

基本养老保险是保障社会保险制度健康持续发展和实现"老有所养"的重要制度。我国老年人口基数大,部分老年人囿于早年社保体制不健全,无法通过正当途径领取养老金，不法分子利用老年人急于办理养老保险的心态，实施"养老保险"花式诈骗，实践中主要表现为以下几种方式：

一是冒充社保部门工作人员或者银行、保险机构工作人员，利用老年人或者接近退休年龄人员对国家养老保险法律、政策不了解的弱点，谎称其可以利用监管漏洞及政策盲区办理"提前退休"等手续，随后通过制作"养老保险办理"等资料，参照养老保险的工龄时间、退休待遇等不同标准，采取逐年上涨发放"养老金"的方式，陆续按月发放"养老金""工资"等，在获取老年人信任后骗取更多的保险费、材料费、好处费。

二是设立皮包公司，声称其公司可以与老年人签订劳动合同，购买社保的人无须上班就可以达到延长工龄办理"养老保险"的目的，进而骗取老年人的手续费、社保费。

三是利用假冒的医生、营养师等夸大老年人病情、渲染保健品功效，通过赠送产品、免费诊疗、设置奖品等抛诱饵的方式获取老年人信任，一步步设置陷阱，以达到骗取保健品费用、"养老保险"保金的目的。

本案系以代办"养老保险"为名侵害老年人合法权益的典型犯罪案件，陈某为牟取非法利益，通过非法渠道获取老年人的个人信息等材料，采取招录话务员拨打电话的方式获取老年人的信任，随后用小诱饵诈骗大金额。

(二) 养老保险待遇的给付条件

养老保险是由国家通过立法强制实行，保证劳动者在年老丧失劳动能力时，给予基本生活保障的制度。《社会保险法》[①]等法律法规对各类养老保险的办理条件有较为明确的规定，任何人都不能以欺诈、伪造证明材料等手段骗取社会保险待遇。

1. 获取基本养老保险待遇的条件。《社会保险法》第十六条第一款规定，参加基本养老保险的个人，达到法定退休年龄时累计缴费满 15 年的，按月领取基本养老金。这就规定了两个条件，一是达到法定退休年龄；二是累计缴费满 15 年。关于退休年龄，企业职工退休年龄是男年满 60 周岁，女工人年满 50 周岁，女干部年满 55 周岁。从事井下、高温、高空、特别繁重体力劳动或其他有害身体健康工作的，退休年龄为男年满 55 周岁，女年满 45 周岁；因病或者非因工致残，由医院证明并经劳动鉴定委员会确认完全丧失劳动能力的，退休年龄为男年满 50 周岁，女年满 45 周岁。

2. 社保缴费不足 15 年办理退休的条件。《实施〈中华人民共和国社会保险法〉若干规定》第二条明确，参加职工基本养老保险的个人达到法定退休年龄时，累计缴费不足 15 年的，可以延长缴费至满 15 年。《社会保险法》实施前参保、延长缴费 5 年后仍不足 15 年的，可以一次性缴费至满 15 年。因此，对于 2011 年 7 月 1 日《社会保险法》实施前参保的人员，2011 年 7 月 1 日以后达到法定退休年龄，且缴费年限不足 15 年的，可延长缴费至满 15 年。延长缴费 5 年后仍不足 15 年的，可一次性缴费至满 15 年。对于 2011 年 7 月 1 日《社会保

[①] 本书正文提及法律名称均为简称。

险法》实施后参保的人员,达到法定退休年龄时,缴费年限不足15年的,可以延长缴费至满15年时办理退休手续(这种情况只能逐年缴费,不能一次性补缴)。

3. 因病或者非因工致残的养老保险待遇。《社会保险法》第十七条规定,参加基本养老保险的个人,因病或者非因工死亡的,其遗属可以领取丧葬补助金和抚恤金;在未达到法定退休年龄时因病或者非因工致残完全丧失劳动能力的,可以领取病残津贴。所需资金从基本养老保险基金中支付。

(三)养老保险的申请条件

以北京为例,北京市办理养老保险的规定与条件如下:

1. 根据2007年《关于贯彻实施〈北京市基本养老保险规定〉有关问题的具体办法》,在国家规定劳动年龄内的被保险人,由于用人单位原因应缴未缴基本养老保险费的,用人单位可以向劳动保障行政部门提出书面补缴申请,并提交申请补缴期间与被保险人存在劳动关系的证明,以及工资收入凭证,经确认后,可以补缴基本养老保险费。

2. 《社会保险法》第九十五条规定,进城务工的农村居民依照本法规定参加社会保险。根据该条规定,从《社会保险法》施行之日即2011年7月1日起,农民工也可以补缴养老保险。

除此之外,没有其他合法的方式补缴养老保险。

然而在实践中,一些不法分子利用老年人信息不对称、认知能力较弱的特点,冒充公司企业人员或者国家机关工作人员,打着能够帮助不符合条件的人员代办职工养老保险等旗号实施诈骗,导致老年人不仅领不到所谓的"养老保险费",还赔上了自己的养老钱。

法官提示

(一) 办理养老保险应通过正规途径

老年人在办理养老保险时,应通过养老保险办理部门、社区、村委会等了解国家和当地政策规定,到相关部门按照程序依规办理。相关部门也应当加强养老保险政策宣传,针对业务办理等方面存在的薄弱环节及时整改,不断完善社会保险代缴业务。老年人遇到代办养老保险等涉诈广告时,要及时向有关部门反映或者向公安机关报案,不要轻信他人并向个人账户缴纳所谓的"养老保险费",在明知不符合办理条件的情况下不要企图通过"找关系""走后门"方式违规办理,不要轻信通过熟人可以省钱等谎言,以免让不法分子有机可乘。

(二) 老年人应当针对性提高防诈能力

不法分子往往通过施加小恩小惠,日常嘘寒问暖,获取老年人的信任,进而实施诈骗行为。广大老年人应当增强防范意识,提升辨别能力,以防被不法分子花式骗局迷惑双眼。具体到本案中,老年群体应当特别提防各类销售环节存在的陷阱,正确看待各种促销优惠；平时多关注新闻媒体、社区板报、宣传栏等防诈骗宣传，了解各类诈骗手法，提高警惕；要保持清醒的头脑，不贪图小利，不轻信他人。家庭成员尤其是子女应加强对父母的关心照顾，了解父母的需求，并告诫其遇事要找人商量，在无法辨别事实真相的时候，应及时联系子女或者咨询社区、村委会；发现类似诈骗行为，要立即拨打110报警。

（三）加强源头管控，防止公民信息泄露

目前，不法分子通过各种非法渠道获取公民个人信息、消费记录等资料，实施精准诈骗，话术更加周延，迷惑性也更强。老年人应注意个人信息保护，不要随意泄露个人信息。网络平台和网站经营者要真正落实治理责任，严密制度设计，切实维护公民个人信息安全。

法律链接

《中华人民共和国社会保险法》

第十六条 参加基本养老保险的个人，达到法定退休年龄时累计缴费满十五年的，按月领取基本养老金。

参加基本养老保险的个人，达到法定退休年龄时累计缴费不足十五年的，可以缴费至满十五年，按月领取基本养老金；也可以转入新型农村社会养老保险或者城镇居民社会养老保险，按照国务院规定享受相应的养老保险待遇。

第十七条 参加基本养老保险的个人，因病或者非因工死亡的，其遗属可以领取丧葬补助金和抚恤金；在未达到法定退休年龄时因病或者非因工致残完全丧失劳动能力的，可以领取病残津贴。所需资金从基本养老保险基金中支付。

《中华人民共和国刑法》

第二百六十六条 诈骗公私财物，数额较大的，处三年以下有期徒刑、拘役或者管制，并处或者单处罚金；数额巨大或者有其他严重情节的，处三年以上十年以下有期徒刑，并处罚金；数额特别巨大或者有其他特别严重情节的，处十年以上有期徒刑或者无期徒刑，并处罚金或者没收财产。本法另有规定的，依照规定。

案例二

"候鸟""共享康养"养老项目，老年人勿入的"坑"

——养老项目诈骗的套路及防范

郭敏娜[①]

社会发展日新月异，各类新事物层出不穷。与年轻人相比，老年人对新事物的接受能力较弱，且信息获取渠道较为单一，导致其对信息的分辨能力不足，面对各类花式骗局，更容易落入圈套。很多老年人手里闲置资金较多，希望通过投资来增加自己的收入。一些不法分子便利用老年人对投资理财、"候鸟式"养生、"共享康养"养老项目等有需求的心理，以"养老投资项目"为幌子，虚构投资、服务项目，宣称后续可以获得高额回报，编织一个个闪耀光环的"泡沫"骗局，借机骗取老年人钱财。

---

① 郭敏娜，北京市延庆区人民法院民事审判一庭（环境资源审判庭）法官助理。

前因后果

(一) 5 倍收益回报的"养老投资项目"

春节前,领到经济合作社分红不久的张大爷到县城购置年货。途中,张大爷经过一家门口挤满老年人、经营养老投资项目的融资公司。该公司工作人员林某、于某等人热情地向围观的老年人介绍,其公司正在推广一期专门面向老年人的"绿色康养"投资项目,该项目专为老年人"候鸟式""绿色共享式"养生旅居设计,且已经获得全国老龄工作委员会的批准,有红头文件支持;"绿色康养"投资项目分为线上投资和线下消费两个部分,注册成为会员后,可通过其公司定向研发的 APP 软件进行线上投资,根据投资金额的差异分为 5 个档次,所有投资档均可获得 5 倍高额收益。公司会与注资会员签订保本协议,保证会员在 2 个月内全部收回本金。除获得高额回报外,会员还可以在该公司旗下的高档酒店、餐饮会所、养老公寓等实体店内享受低价消费。听到高额回报、保本资金及低价消费,张大爷动了心,随即用随身携带的 3000 元分红注册了会员。

(二) 令人动心的"净、稳"收益

成为会员后,张大爷和其他加入会员的老年人在该公司的

组织下体验了部分线下消费项目，先是到体检中心体检，又到火锅店就餐，后到一家高档汤泉宾馆泡了温泉。张大爷感觉老年生活得到了全新体验，要和老伴儿一起安享晚年，便说服老伴儿投资5000元也注册了会员。因为介绍老伴儿加入，张大爷还获得了动态提成200元。有了前期的"红利"，且在该公司工作人员的"引导"下，张大爷积极介绍邻居王大爷也注册了会员，并因此又获得了一笔动态提成。在与其他老人的沟通中，张大爷得知，其"吸引"的入资金额越多，得到的提成就越多。尽管这个消息让人动心，但也引起了张大爷的疑虑，他认为这种吸引他人投资的方式有传销的嫌疑，便不再拉人注册会员，几个月后及时拿回了入资款。然而，其他老年人却在"净、稳"收益的诱惑下"一路狂奔"，利用"人际网络"推荐亲戚、邻居、同事等投资，在找不到其他愿意注册会员的人后，便利用家人的名字花钱注册发展下线。令他们没想到的是，大部分人的投资本金还没回本，承诺的提成收益就拿不到了。又过了1个月，该公司人去楼空，老人们意识到上当受骗，方才报警。

（三）法院判决揭"幌子"

公安机关立案调查后，将案件移送至检察机关，后该公司林某、于某等人因涉嫌犯组织、领导传销活动罪被提起公诉。人民法院经审理认为：组织、领导传销活动罪是以推销商品、提供服务之名，通过要求参加者缴纳费用或者购买商品、服务等方式获得加入资格，形成一定层级关系，从而以直接或间接发展的人员数量作为计酬依据,达到骗取财物的目的。林某、于某等人通过 APP 以缴纳几千元到几万元不等的钱款成为会员的方式,形成高级、中级和低级三个层级关系;会员返利分红也主要来源于下级人员缴纳的会费资金,故林某、于某等人的行为构成组织、领导传销活动罪。最终,林某、于某等人被判处 3 年至 7 年不等的有期徒刑并处罚金。

是非曲直

养老投资项目的诈骗套路,主要表现为以投资养老保险、投资开办养老院、购买养老公寓、入股养生基地、售后定期返点、高额分红等方式,诱骗老年人发展"下线"直接或间接参与非法集资或非法吸收公众存款。本案涉及的组织、领导传销活动罪与集资诈骗罪存在相似之处,都具有欺骗性,但二者存在本质区别。

(一)组织、领导传销活动罪与集资诈骗罪的区别

组织、领导传销活动罪中,组织者或者经营者利用所谓的"平台""组织"发展成员,要求被发展的人员以缴纳或者变相缴纳"会员费"或购买商品、服务等为条件,获得提成和发展下线的资格。接着,要求被发展人员发展其他人员形成层级关系,并以直接或者间接发展的人员数量作为计算报酬或者返利的依据,引诱被发展人员继续发展其他人员加入,以骗取

财物。这种行为严重扰乱经济和社会秩序。

集资诈骗罪中,不法分子则通过虚构事实、隐瞒真相,以项目为诱饵,欺骗投资人进行虚假投资的方式,非法占有资金,并不以投资者的数量作为获利依据,而以投资者的投资额和高额利息获利。涉老年人集资诈骗具有以下特点:一是小恩小惠拉拢,谎称利息高。不法分子以小恩小惠笼络老年人,继而使用花言巧语进行煽动蛊惑,许诺高额回报,从而突破老年人的心理防线,使其掉入非法集资的陷阱。二是花式包装,巧立名目。为吸引老年人投资,不法分子巧立各种投资名目在"外包装"上,诱惑老年人斥巨资购买。三是亲情服务,趁虚而入。不法分子利用部分老年人孤独的现状,打起"感情牌",以帮助老年人做家务、唠家常等方式骗取老年人的信任,许诺高额回报,推动老年人口口相传,吸引更多受害人参与。

本案中的林某、于某等被告人以发展人员的数量作为计酬依据,所以其系以投资养老项目为幌子,骗取老年人加入传销组织。

(二)传销性质的非法集资主要表现形式

传销性质的非法集资危害极大,不仅严重影响经济运行,也给参与的老年人造成巨大经济损失。传销性质的非法集资主要有以下表现形式:

1. 以"国家、政府项目""国家养老政策"为名传销,打着"国家项目""政府试点"等口号,杜撰政府背景、伪造国家机关文件,歪曲国家政策文件,欺骗老年人投资入伙。

2. 以各种"投资理财"为名传销，以上市融资、股权众筹、投资理财等资本模式的名义，利用借贷平台等进行拉人头投资传销活动。

3. 以"扶贫慈善"为名传销，打着"慈善""互助""扶贫"的幌子，以高息回报诱骗老年人加入，将其发展为会员。

4. 以"关爱老人、防病养老"为名传销，设计"保健产品"，以投资养老公寓、"以房养老"等为名，发展会员，骗取老年人钱财。

5. 以"网络加盟代理商"为名传销，通过开办网上商城，利用微信朋友圈、网站论坛等发展代理、加盟商，谎称"消费返现""边消费边赚钱"，骗钱不见面。

(三) 传销犯罪的特征

一是传销名目合法化。为了达到引诱新人、混淆视听、逃避打击的目的，传销组织者往往披着"中国梦""创业、创新"等合法化的外衣。

二是传销组织专业化。传销组织经过多年发展，其形式日趋完善，组织更加严密，分工明确、管理严格。网络传销的组织领导者形成了职业化、专业化的犯罪群体。

三是传销方式信息化。除利用亲友、同学、同事、战友、邻居等关系通过介绍、口口相传的拉人头"杀熟"方式发展下线的模式外，传销人员利用互联网平台拉人头的方式越发普遍。其依托微信、微博等社交平台，以投资、旅游、养老、黄昏恋等名义欺骗不知情的老年人，使其身陷其中。

法官提示

(一) 互联网不断发展,传销组织的手段不断翻新,骗局为何屡屡得手?

传销组织的骗局一般分为五个步骤。第一步是标榜高收益,几个月内回本,有大量积分,而且消费均为高端消费,以此引诱老年人动心。当老年人对高收益有所质疑时,传销组织便会进入第二步,通过积极组织老年人签订投资保本协议,再编造该投资项目经过"政府支持""经营正规""前景广阔"等假象,以稳控老年人的心理、让老年人相信。接着,通过安排老年人到公司实地走访参观、免费体检、到高档餐厅就餐、体验汤泉等方式,让老年人在高端享受中产生错误认识,从而相信该公司所作承诺为真。第三步是增强老年人的信心,在投资前期每天返利,从而让老年人误认为该投资项目靠谱、收益稳,是比较好的"产业"。第四步是让老年人尝到"甜头"后,刺激老年人"现身说法"拉拢亲戚朋友加入,一方面为拉入老年人积分,另一方面带动身边更多的人"共同致富"。第五步是卷款"跑路",将老年人的钱款骗到后,所谓的投资项目经营者便卷款走人。不法分子利用传销方式,构建起一个巨大、网络结构式的骗局。

（二）老年人如何避免落入投资"养老项目"骗局？

在投资养老项目或者养老产业时，要根据投资公司的经营状况、宣传项目是否真实存在、是否许诺回报或分红、许诺的回报或分红是否超出合理范围、是否具有给付所承诺回报的盈利能力等方面，合理分辨融资活动是吸收公众存款、公开发行证券等公开募集资金行为，还是诈骗行为。对于公开募集资金行为，还要进一步了解相关公司是否具有相应金融业务许可，从而判断是合法融资还是非法集资。要慎重选择投资对象，在选择网络加盟商、渠道商之前，要仔细查询其注册登记、营业资质等基本信息。还要多方了解投资项目，对网上或者工作人员宣传的股权、基金等，应通过证监、银保监、市监部门进行核实，了解国家对该项目是否设定了准入门槛、有无限制性规定等。没有取得相关金融业务许可，以入股、投资、预定等名义许诺还本付息或者给付其他投资回报，向不特定社会公众公开吸收资金的，就是非法集资，不能因其以养老产业政策、公司前景、承诺高额回报等为噱头，就误以为是合法业务而不顾风险进行投资。

老年人一定要增强防骗意识、提升甄别能力，以免为了推广投资项目而误入不法分子设下的陷阱；要时刻保持头脑清醒，在投资前及时与家人商讨研判，不轻易作出决定，管好自己的"钱袋子"，避免上当受骗。对于已经发现和掌握的传销组织、传销人员违法犯罪线索，应及时向公安机关举报反映情况。

在此，特别提示老年朋友们，由于不法分子精确瞄准老年人关注康养、希望财富增值、丰富养老生活等现实需求，利用老年人辨识能力较弱、权益保护能力不强等弱点，编造各种虚假养老项目骗取老年人的钱款，所以老年人在对一些信息的真伪存疑时，应及时向亲友、社区工作者、公安机关寻求帮助。尤其对于对方许诺的"零风险、高收益""康养、旅居"养老投资、服务项目，要认真核实其资质、谨慎对待。

要谨记"天上不会掉馅饼""没有免费的午餐"，不贪图一时的便宜、不轻信所谓"包赚不赔""低风险零风险"的宣传。

要妥善保护自己的个人信息，不点击各类陌生链接，不在陌生或不正规的网站、机构等处填写自己的身份证号码、银行卡号等个人信息，否则可能被他人盗用名义从事犯罪活动，成为他人金融诈骗活动的"替罪羊"，遭受理财或声誉损失。

传销套路层出不穷，对传销活动的欺诈性、隐蔽性和危害性要有所警觉，如发现诈骗、洗钱或传销活动的相关线索，应及时向公安机关举报。

此外，老年人的子女不仅要在物质方面履行对老年人的赡养义务，在精神方面更应当给予老年人更多的关注，加强与老年人的沟通交流，了解其思想动向、生活状况、心理需求、消费情况及大额资金的管理、使用情况，实现对老年人的"精神赡养"。同时，社会也要加大对老年人的关爱和帮扶力度，基层组织应多建立老年人活动中心，开展老年人文化娱乐活动，及时向老年人普及相关老年人诈骗信息，防止侵害老年人合法权益的行为发生，守护好老年人来之不易的"钱袋子"。

法律链接

《中华人民共和国证券法》

第九条 公开发行证券，必须符合法律、行政法规规定的条件，并依法报经国务院证券监督管理机构或者国务院授权的部门注册。未经依法注册，任何单位和个人不得公开发行证券。证券发行注册制的具体范围、实施步骤，由国务院规定。

有下列情形之一的，为公开发行：

（一）向不特定对象发行证券；

（二）向特定对象发行证券累计超过二百人，但依法实施员工持股计划的员工人数不计算在内；

（三）法律、行政法规规定的其他发行行为。

非公开发行证券，不得采用广告、公开劝诱和变相公开方式。

第二十六条第一款 发行人向不特定对象发行的证券，法律、行政法规规定应当由证券公司承销的，发行人应当同证券公司签订承销协议。证券承销业务采取代销或者包销方式。

第三十五条 证券交易当事人依法买卖的证券，必须是依法发行并交付的证券。

非依法发行的证券，不得买卖。

《中华人民共和国证券投资基金法》

第五十条 公开募集基金，应当经国务院证券监督管理机构注册。未经注册，不得公开或者变相公开募集基金。

前款所称公开募集基金，包括向不特定对象募集资金、向特定对象募集资金累计超过二百人，以及法律、行政法规规定的其他情形。

公开募集基金应当由基金管理人管理，基金托管人托管。

案例三

警惕"以房养老"骗局,守护父母晚年家园
——"以房养老"的套路及防范

严玉婷[1]

为积极应对人口老龄化趋势,加快养老服务业发展,为老年朋友晚年生活提供切实保障,我国一直都在探索更丰富的养老保障形式。2014年,原保险监督管理委员会印发相关文件,决定在北京、上海开展住房反向抵押养老保险试点,也就是俗称的"以房养老"。正规的"以房养老"是一种新型保险产品,指的是老年人将名下住房反向抵押给保险公司,但是可以继续占有、使用房屋,并且每月能够领取一定数额的养老保险金直至去世。老年人去世后,保险公司才获得抵押房产的处置权,处置所得将优先用于偿付养老保险相关费用。这种产品将老年人名下房产提前变现,从而为"名下有房产,手中无闲钱"的老年人在其晚年提供了一笔长期、持续、稳定乃至延续

---

[1] 严玉婷,北京市延庆区人民法院民事审判一庭(环境资源审判庭)法官助理。

终生的养老收入。"以房养老"本是一种商业养老保险业务，但有部分不法分子从中嗅到了"商机"，打着"以房养老"的旗号，对老年人实施欺诈，导致受骗老年人陷入"房财两空"的境地。

前因后果

(一)"优质"理财找上门

刚刚退休的张大爷在一场养老产品推介会上认识了热心的小李。自己的子女因为工作忙碌常常无法陪伴在身边，年轻的小李经常对张大爷嘘寒问暖，孤单的张大爷从小李身上体会到了久违的亲情，小李也因此获得了张大爷的信任。有一天，小李称，其所在的 A 公司推出了针对有房老年人的优质理财投资项目，"国家政策扶持的养老产品，机会有限""以房养老，年收益高达25%"，一连串的宣传让张大爷十分心动。张大爷心想，如果投资这个项目，能够多一笔可观的养老收入，既能减轻子女负担，又能保障自己晚年无忧，但是苦于没有本金。小李安慰张大爷，表示 A 公司的合作公司 B 公司可低息向张大爷提供借款来参加此次理财投资项目，只需以房屋作为抵押，还款的事也不用张大爷操心，由 A 公司按期向 B 公司代为偿付直至还清本金及利息。

(二) 草率投资"获"收益

基于对小李的信任,再加上被宣传材料上的各种专业词汇弄昏了头脑,张大爷在小李的热心帮助和说服下,迷迷糊糊地就在一连串合同上签了字,约定由 B 公司向张大爷出借 500 万元本金,张大爷以其名下房屋作为抵押,并在某公证机构进行了公证。张大爷很快就拿到了 500 万元现金,在 A 公司投资了小李推荐的"以房养老"项目。前三个月,A 公司如约向张大爷支付了相应的收益,原本心里还有些打鼓的张大爷放下心来。

(三) "房不剩房"遇骗局

然而,从第四个月开始,张大爷再也没有按时收到承诺的收益,焦急的张大爷找上了小李,发现早已被小李拉黑。意识到事情有些不对的张大爷一打听,才发现 A 公司早已人去楼空,门口聚集了不少同样情况的老年人。又过了不久,B 公司申请强制执行张大爷所抵押的房屋,张大爷终于明白自己上了当,慌忙报警。

(四) 法院判决追损失

公安机关将小李等人抓获到案,检察机关对小李等人依法提起公诉。 法院认为:被告人小李以非法占有为目的,编造虚假事实,骗取被害人钱款,且数额特别巨大,其行为已构成诈骗罪,应依法予以惩处。被告人小李诈骗对象系老年人,且给被害人造成了特别巨大的经济损失，依法应从重处罚。对于其他量刑情节，依法予以考量。据此，法院以诈骗罪判处小李有期徒刑 14 年，剥夺政治权利 3 年，并处罚金人民币 28 万元，小李犯罪行为造成的经济损失，依法应责令退赔，并对查封、扣押的在案财产依法处理。被告人小李不服一审判决，提出上诉。二审法院判决驳回上诉，维持原判。

是非曲直

（一）"以房养老"骗局有三个特点

一是承诺"零成本""高收益"。不法分子会在宣传材料的显著位置，假借民政部、全国老龄委等名义，打着国家政策扶持旗号，使老年人误以为国家给予大力扶持，同时，往往会在装修豪华的实体门店聘请"名师"开办讲座，营造公司财力雄厚、业务合法的假象，还会对老年人打"温情牌"，以茶话会、答谢会、生日关怀、发展下线返利的方式，拉近与老年人的距离，取得彻底信任。接着，在宣传"以房养老"项目时，许诺给予高额利息，诱骗老年人将抵押房屋获得的借款交给其进行投资，且在合同履行初期，按约支付利息，打消老年人的顾虑。

二是"套路多""合同多"。虚假"以房养老"骗局和"套路贷"紧密相连，一个骗局往往包含养老服务关系、民间借贷关系、房屋抵押关系、房屋买卖关系、委托过户关系等多重法律关系,因此合同架构复杂,合同条文复杂,办理手续烦琐。不法分子向老年人介绍自己认识的"靠谱"借贷机构或个人,既有正规的金融机构、典当行等,也有小额贷款公司,他们忽悠老年人与这些借贷方签订借款合同、进行文书公证,并将名下房屋抵押,所获借款作为投资本金转交不法分子,不法分子向老年人承诺代其偿还借款本息。在部分案件中,还存在将房屋进行二次抵押以增加借款的行为。因此,被骗的老年人会签署一大堆合同,如借款合同、抵押合同、委托合同、养老合同等,办理一系列手续,不具备相应判断能力的人很难分清其中的套路。

三是"占房子""骗现金"。部分案件,如本案中,不法分子的目的仅为获取房屋抵押后的借款,但在其他案件中,有的不法分子还忽悠老年人将房屋处置权委托给自己,老年人在不知情的情况下签订委托授权书或空白文书,并经公证程序予以确认,这些"受托人"与借贷机构恶意串通,以不合理的低价将房屋变卖以获得房款或者房屋的所有权,导致老年人既背负债务又失去了自己的房子。

(二)正规"以房养老"产品是保险而非理财

不法分子以"投资养老""以房养老"等名义进行虚假宣传,诱骗老年人办理房产抵押,再把借来的钱拿去购买其推荐的理财产品或直接据为己有,实质上是骗取百姓"养老钱",侵害老年人合法权益。这与国家倡导的"以房养老"有着本质的不同。从 2013 年开始，国务院、原保监会、银保监会相继发布了相关发展养老服务的文件，提出将"老年人住房反向抵押养老保险"也就是"以房养老"推广全国。国家倡导的"老年人住房反向抵押养老保险"，主要是指老年人将住房反向抵押给保险公司，从而每月领取一定数额的养老保险金，是一种商业养老保险业务。也就是说，"老年人住房反向抵押养老保险"仅仅是一种保险产品，并非理财产品。

其一，正规"以房养老"产品，房屋所有权始终归老年人所有，保险公司只有抵押权，老年人去世后保险公司方可处置。《老年人权益保障法》第五十五条规定，各级人民政府和有关部门办理房屋权属关系变更、户口迁移等涉及老年人权益的重大事项时，应当就办理事项是否为老年人的真实意思表示进行询问，并依法优先办理。本案中，A 公司所谓的"以房养老"，是老年人与 B 公司签订房屋抵押贷款合同，以高额利息向 B 公司抵押贷款，虽然 A 公司声称代替老年人支付利息，但一旦 A 公司资金链断裂无法支付利息，老年人没有按时还款就会面临违约，失去房产，房财两空。

其二，正规"以房养老"产品由专业的保险机构经营。《老年人权益保障法》第四十三条第二款规定，设立经营性养老机构，应当在市场监督管理部门办理登记。"老年人住房反向抵押养老保险"是一种保险产品，不是理财产品。这种保险对机构业务开展和销售管理要求都十分严格，准入门槛高，因此拥有资质的保险机构并不多，且都应当办理相关资质审批登记。老年人直接和金融机构签订保险合同，把钱放在有国家金融机构牌照的受到监管的公共账户内,正规的保险产品中不会出现其他金融机构,也不会宣称自己是"稳赚不赔"的理财项目。

其三,正规"以房养老"产品在办理过程中,不会出现借款合同、房屋买卖合同、抵押合同、理财合同、委托合同、养老合同等,而是签订保险合同,也不会要求老年人进行委托公证或者签订空白文书。不法分子在介绍投资过程、过户事项时往往含混不清,反而大篇幅描述收益,然后趁老年人晕头转向时让其签署各种文书。因此,老年人在任何文书上签字或按手印时,一定要认真阅读文书内容,不懂的可以要求对方进行具体解释,并询问子女或者亲友、相关专业人士。

法官提示

(一) 子女可以为父母设立居住权

《民法典》施行后新增了一种用益物权,叫作"居住权"。《民法典》第十四章对居住权进行了具体规定。在《民法典》中,居住权指的是民事主体根据书面合同或书面遗嘱,在他人享有所有权的房屋上,为满足生活居住需要所设立的一种享有占有、使用权能的用益物权。因此,老年人可以依照《民法典》关于居住权的规定,提前把房屋过户到赡养自己的子女名下,但是在原房屋之上为自己设立居住权,房屋不归老年人,老年人也可以安心住，从而安稳度过晚年。这样既可以让子女更有动力赡养父母，又能为"以房养老"骗局设置障碍。因此，正确使用这项制度，可以在一定程度上解决老年人对于养老的后顾之忧。老年人也可以选择与法定继承人以外的人或者组织签订"遗赠扶养协议"，约定由这个人或组织承担老年人生养死葬义务，他们可在老年人去世后，获得老年人遗赠的房屋。

但是，在设立居住权时，应当遵守法律规定的相关要求。例如，设立居住权，双方应当采用书面形式订立居住权合同。居住权合同一般包括以下几个要素：当事人的姓名或者名称和住所、住宅的位置、居住的条件和要求、居住权期限、解决争议的方法等。另外，签订完合同之后，还应当向登记机构申请居住权登记。

（二）子女应当帮助父母甄别"以房养老"骗局

老年朋友自己一定要擦亮眼睛，牢记天上不会掉馅饼。作为子女，在父母提到与房子相关的投资理财时，也应当引起注意，及时帮助父母甄别相关骗局。首先，要牢记投资必有风险。投资理财需谨慎，"稳赚不赔""无风险、高收益"的噱头往往就是诈骗的诱饵。其次，要选择正规理财机构。购买理财产品前，应当结合自身风险承受能力，选择正规理财机构和正规理财渠道。在办理理财时，要求对方提供相应的资质证明，或在官方机构网站上查询拥有合法经营资质的理财机构。对来路不明突然嘘寒问暖，然后声称有好机会，"热心"为老年人提供理财渠道的人一定要保持戒心，对熟人介绍也要抱有警惕，在购买投资理财产品前多与亲友商量，多咨询正规金融机构的专业人员，对投资活动的真伪、合法性进行判断和了解，防范不法分子，以免落入他人圈套。最后，要妥善保护老年人的个人信息，尤其是身份证、银行卡等个人信息，不要轻易泄露给陌生人，不要随意在推销场合登记个人信息。

（三）子女应当及时发现并阻止针对父母的诈骗

最重要的是，作为子女，应该多关心关爱父母，及时发现针对父母的骗局。和本案中的张大爷一样，不少老年人上当受骗，很大程度上与缺少亲人关爱有关，老年人的情感需求给了不法分子趁虚而入、获取信任的契机。子女要经常和父母沟通交流，给老年人以关爱，筑强老年人内心防线，关注老年人生活情况，当发现老年人账户有异常变动，或者频频参加理财宣讲活动时，应及时关心询问；若木已成舟、老年人已经被骗，则要耐心开导，并立即报警，及时止损。

当争议纠纷出现时，记得及时与父母一起留意并保管好相关证据，具有重要文件留痕意识，从而及时、有效获取司法机关救助，合理运用司法资源，维护个人合法权益。一旦发现诈骗苗头，一定要第一时间到公安机关报案，在还可以撤出投资的情况下，要果断撤出，绝不能存在侥幸心理，就相关民事纠纷，可以直接前往法院起诉。

法律链接

《中华人民共和国民法典》

第三百六十六条 居住权人有权按照合同约定,对他人的住宅享有占有、使用的用益物权,以满足生活居住的需要。

第三百六十七条 设立居住权,当事人应当采用书面形式订立居住权合同。

居住权合同一般包括下列条款:

(一)当事人的姓名或者名称和住所;

(二)住宅的位置;

(三)居住的条件和要求;

(四)居住权期限;

(五)解决争议的方法。

第三百六十八条 居住权无偿设立,但是当事人另有约定的除外。设立居住权的,应当向登记机构申请居住权登记。居住权自登记时设立。

第三百六十九条 居住权不得转让、继承。设立居住权的住宅不得出租,但是当事人另有约定的除外。

《中华人民共和国老年人权益保障法》

第四十三条 设立公益性养老机构,应当依法办理相应的登记。

设立经营性养老机构,应当在市场监督管理部门办理登记。

养老机构登记后即可开展服务活动,并向县级以上人民政府民政部门备案。

第五十五条 各级人民政府和有关部门办理房屋权属关系变更、户口迁移等涉及老年人权益的重大事项时,应当就办理事项是否为老年人的真实意思表示进行询问,并依法优先办理。

第五十六条 老年人因其合法权益受侵害提起诉讼交纳诉讼费确有困难的,可以缓交、减交或者免交;需要获得律师帮助,但无力支付律师费用的,可以获得法律援助。

鼓励律师事务所、公证处、基层法律服务所和其他法律服务机构为经济困难的老年人提供免费或者优惠服务。

案例四

"老年保健品"套路多,"灵丹妙药"不轻信
——保健品诈骗的套路与防范

南磊鑫[①]

健康是老年人安享幸福晚年的"本钱",也往往成为不法分子实施违法犯罪所依托的借口。近年来,"老年保健品"诈骗案件屡见不鲜,不法分子利用老年人孤独寂寞的心理特点,采用"赠送礼品""免费体检""专家义诊"等手段向老年人推销商品,所谓的"灵丹妙药"不仅治不了病,还诈骗了老年人的养老钱,甚至耽误正规治疗,危害老年人的身心健康。广大老年人一定要增强自我保护意识,切勿轻信所谓的保健品功效。

---

① 南磊鑫,北京市延庆区人民法院民事审判一庭(环境资源审判庭)法官助理。

前因后果

(一) 养生讲座免费听

"专家养生讲座免费听,还有多功能手拉车和老年人健步鞋,只要是75岁以上老人就免费送!"这天,李老太在小区门口收到一张小卡片。她心想反正不吃亏,于是就拨通了卡片上的电话,认识了一位"罗经理"。

没过几天,"罗经理"联系李老太来到一栋大楼内,由一位身穿白大褂的"老师"给大家上课。讲座听完,李老太还免费做了基因检测。等报告结果出来,工作人员一看就皱了眉:"您这身体不行啊,有神经衰弱的症状,患心血管疾病的风险较大。"眼见诊断出的种种病症竟与自己的病史一一吻合,甚至情况还要严重,李老太一下子紧张起来了:"我之前确实得过脑中风,看来,这基因检测大概是真的!"

(二) 一时脑热买"神药"

"阿姨别急,您吃这款药就能痊愈,长期服用的话,还能预防癌症哦!"工作人员向李老太推荐了一款基因保健品,几盒药竟开出了20万元的大价。不过,由于李老太的年龄、工作经历等一系列情况都满足优惠条件,药价一路打折,最后只要几万元。李老太心动了:"想想是划算的嘛。"

李老太当场决定买了 6 盒药，随后，刷卡支付了 4 万元。回家后，李老太把事情的前因后果告诉子女，这才知道自己受了骗。

(三) 法院判决惩罪犯

本案案发后，法院经审理查明，胡某某（另案处理）设立一家生物科技公司，招募人员成立团队，由本案的被告人刘某某、罗某某等"经销商"发展老年客户，以参加健康讲座为名，将老年人诱骗至胡某某等人预定的会场。刘某某、罗某某等"经销商"已经预先了解到老人们的慢性病情况，他们告知叶某某（另案处理）后，由叶某某冒充"神医"，以一对一免费"诊疗"方式博取老年人信任，从而将低价购入的"南山素一号"等普通食品包装成所谓保健品，诱骗老年人高价购买，所得款项按约定比例分成。

经查，刘某某以上述方式骗得被害人陈老太 1.6 万元，罗某某骗得被害人蒋老太 9700 元，刘某某、罗某某共同骗得被害人李老太 4 万元。刘某某、罗某某被抓获到案后，如实供述了自己的罪行，全额退赔了诈骗所得，取得了被害人的谅解，并在审查起诉阶段签署了认罪认罚具结书。

法院经审理后认为，被告人刘某某、罗某某伙同他人以非法占有为目的，虚构事实，骗取公民财物，数额较大，其行为均已构成诈骗罪。两人为图一己私利，伙同他人设局，骗取老年人钱款，其行为不仅侵犯了老年人的财产权益，而且可能使老年人延误正常治疗，损害老年人的身体健康，具有更大的社会危害性，对其犯罪行为应予酌情从严惩处。两人均是从犯，到案后如实供述自己的罪行，已退还全部违法所得并取得被害人谅解，依法从轻处罚。两人自愿认罪认罚，依法均可以从宽处理。

考虑到两人认罪悔罪态度较好、到案后全额退赔违法所得等情况，法院依法对被告人刘某某以诈骗罪判处有期徒刑1年3个月，缓刑1年3个月，并处罚金5000元；对被告人罗某某以诈骗罪判处有期徒刑9个月，缓刑1年，并处罚金3000元。

是非曲直

（一）保健品诈骗的套路模式

套路一："免费服务"，向老年人提供各种试吃、试用、免费按摩、赠送日常生活用品等，吸引老年人进店，从而向老年人推销保健品，还会假冒官方机构进行免费体检，借此了解老年人的个人、家庭和经济情况，并引诱老年人参加他们的健康讲座，然后推销保健品。

套路二："亲情公关"，通过隔三差五的嘘寒问暖甚至陪聊，取得老年人信赖，这在推销一些大型理疗品诸如"按摩椅""保健床"时特别常见。

套路三："倾情回馈"，请老年人参加免费旅游、免费体检，一方面让老年人感觉贴心，另一方面也有针对性地告诉老年人他们适合这些产品。一些公司组织老年人免费旅游，交通、食宿全包，名义上是回馈老客户，实际上是一个"洗脑"的过程。路途中，公司人员会给大家讲健康的重要性，然后推销自己公司所生产的保健品，进一步向老年人灌输保健品的效果，一次免费旅游，老年人带回一大堆保健品。

套路四："夸大疗效"，通常故意将保健食品与药品混淆，说成是包治百病的"神药"，有些所谓的"神药"甚至连保健食品都谈不上，就是普通食品。"使用该产品3天见效，永不复发""只需7天，糖尿病除根"，保健品诈骗销售中类似的宣传标语正是利用老年人忧心健康的心理、缺乏辨别能力，诱骗他们购买。

套路五："现身说法"，举办讲座时安排"患者代表"上台现身说法，或者利用事先掌握的信息伪装现场诊断结果，最终让老人付钱消费。同龄的"患者代表"会说自己是某保健养生的会员，某保健品确实好，还有免费活动和各种特权。一些本来半信半疑的老年人，听到自己认识的人，如老邻居、老同事都这么说，便打消顾虑，购买产品。

(二) 如何科学理性购买保健品

老年人应学会分辨保健品的宣传内容，科学、理性看待保健品广告和宣传。凡声称疾病预防、治疗功能的，一律不要购买；保健品广告中未声明"本品不能代替药物"的，一律不要购买。消费者在购买保健品时应做到"一看二查三辨"。

一看销售场所资质。要到证照齐全的正规场所购买，特别要注意有无营业执照和食品经营许可证,并注意保留购物发票或销售凭据。

二查外包装和说明书。购买保健食品要认清认准产品包装上的保健食品标志及保健食品批准文号,产品相关批准文号或备案号相关信息可在国家市场监督管理总局网站查询,可以在子女的帮助下认真比对查到的保健食品产品批准文号或备案号相关信息与购买的产品是否一致。应坚决不买无厂名、厂址、生产日期和保质期的产品;坚决不买标签或者说明书上说可以预防疾病、有治疗功能的产品。

三辨广告和宣传内容。保健食品不是药品,不能代替药物。消费者特别是老年人,切勿听信不法商家对保健品的虚假广告和夸大宣传,更不要将保健品用于治疗疾病。

法官提示

保健品诈骗手段的形式多样,变化多端,而老年人因年龄增长,获取资讯能力减弱,一旦被骗往往不能及时有效采取应对措施。因此,做好防骗工作对于预防"老年保健品"诈骗尤为重要。

首先,对于老年人自身而言,增强防骗意识是关键。老年人要正确认识保健品的作用与功效,多和子女沟通交流,相信科学,生病及时就医。通过正规渠道,如大型药店、品牌保健品官方旗舰店等购买保健品。要注意看有无"小蓝帽"标志①，该标志是消费者区分真假保健品的特制标志。"小蓝帽"下方有"批准文号"，是该产品独有唯一的编号，相当于产品的"身份证号码"，表示该产品是经过国家相关主管部门批准注册或备案的保健食品。

图 1 "小蓝帽"标志

其次，子女要多关心自己的父母，常回家看看，不给骗子打"亲情牌"的机会。要有意识地给父母打好预防针，在日常的沟通交流中告诉父母一些有关保健品诈骗的新闻报道，做好对父母的防骗教育，防患于未然。要帮助自己的父母学习一些简单电子设备和软件的基本使用方法，以拓宽老年人获取新闻资讯的途径。

（一）什么是保健食品

保健食品是指声称具有保健功能或者以补充维生素、矿物质等营养物质为目的的食品。保健食品适宜特定人群食用，具有调节机体的功能，不以治疗疾病为目的，并且对人体不产生任何急性、亚急性或慢性危害。

---

① 即由原国家食品药品监督管理局批准的保健食品标志，为天蓝色，呈帽形，俗称"小蓝帽"，也叫"蓝帽子"。

我国目前批准的保健食品功能有 27 种，主要包括增强免疫力功能、改善睡眠功能、缓解体力疲劳功能、提高缺氧耐受力功能、对辐射危害有辅助保护功能、增加骨密度功能、对化学性肝损伤有辅助保护功能、缓解视疲劳功能、祛痤疮功能、祛黄褐斑功能、改善皮肤水分功能、改善皮肤油分功能、减肥功能、辅助降血糖功能、改善生长发育功能、抗氧化功能、改善营养性贫血功能、辅助改善记忆功能、调节肠道菌群功能、促进排铅功能、促进消化功能、清咽功能、对胃黏膜有辅助保护功能、促进泌乳功能、通便功能、辅助降血压功能、辅助降血脂功能。

另外还有营养素补充剂，以补充人体所需的维生素、矿物质为目的，也归属保健食品范畴，但不得声称具有保健功能，只能宣传补充人体营养素。

（二）保健食品不等于药品

保健食品属于食品范畴，不等于药品，不能代替药物治疗疾病，但是在日常消费过程中，还有不少消费者盲目听信别人推荐，根据广告传单、促销电话等购买保健食品，存在消费误区。

（三）如何维权及时止损

在购买保健食品后，要索取并妥善保留购物发票或凭证，以便当自身消费权益受到损害时维权有据。如果对自身购买的保健食品质量有质疑，或发现存在虚假宣传保健食品具有预防、治疗疾病功能的，可及时向当地市场监管部门举报，也可拨打投诉举报电话"12345"如实反映情况。

@ 法律链接

《中华人民共和国反不正当竞争法》

第八条　经营者不得对其商品的性能、功能、质量、销售状况、用户评价、曾获荣誉等作虚假或者引人误解的商业宣传，欺骗、误导消费者。

经营者不得通过组织虚假交易等方式，帮助其他经营者进行虚假或者引人误解的商业宣传。

《中华人民共和国食品安全法》

第七十一条　食品和食品添加剂的标签、说明书，不得含有虚假内容，不得涉及疾病预防、治疗功能。生产经营者对其提供的标签、说明书的内容负责。

食品和食品添加剂的标签、说明书应当清楚、明显，生产日期、保质期等事项应当显著标注，容易辨识。

食品和食品添加剂与其标签、说明书的内容不符的，不得上市销售。

《中华人民共和国广告法》

第十六条　医疗、药品、医疗器械广告不得含有下列内容：

（一）表示功效、安全性的断言或者保证；

（二）说明治愈率或者有效率；

(三) 与其他药品、医疗器械的功效和安全性或者其他医疗机构比较;

(四) 利用广告代言人作推荐、证明;

(五) 法律、行政法规规定禁止的其他内容。

药品广告的内容不得与国务院药品监督管理部门批准的说明书不一致,并应当显著标明禁忌、不良反应。处方药广告应当显著标明"本广告仅供医学药学专业人士阅读",非处方药广告应当显著标明"请按药品说明书或者在药师指导下购买和使用"。

推荐给个人自用的医疗器械的广告,应当显著标明"请仔细阅读产品说明书或者在医务人员的指导下购买和使用"。医疗器械产品注册证明文件中有禁忌内容、注意事项的,广告中应当显著标明"禁忌内容或者注意事项详见说明书"。

案例五

打"感情牌"赠小礼品,"养老帮扶"要当心
——养老帮扶诈骗的套路与防范

包展硕[1]

随着人口老龄化趋势的加剧,养老问题对于社会的发展和家庭的和谐越来越具有重要意义。然而,一些不法分子利用老年群体信息闭塞、防备心弱、感情缺位等特点,开展各种形式的"养老帮扶"活动,以使老年人放松思想警惕为目的,实施诈骗行为。这些不法分子常常打着"义务诊疗""心理关爱""旅游活动"等旗号,吸引老年人参与。他们通过与老年人建立亲密关系,获取他们的信任,进而实施诈骗。例如,有些不法分子会以医生的身份为老年人提供"免费体检",然后在检查过程中非法开具处方,骗取老年人的钱财。还有一些不法分子会以志愿者的身份组织旅游活动,实则在旅途中实施诈骗,如强迫老年人购

---

[1] 包展硕,北京市延庆区人民法院审判管理办公室(研究室)法官助理。

买虚假商品或服务，甚至将他们带离正常旅游路线，进行非法拘禁。

前因后果

（一）小恩小惠作诱饵

李大爷和张大妈是幸福小区的老住户，他们唯一的儿子小李10年前已经结婚生子，且在外地工作，很少回家看望他们。为了充实生活，老两口儿早上锻炼身体，上午打牌看戏，下午参加小区周边的各种活动。一天，小区楼下开了一家艾灸店，吸引了很多居民的注意。经过了解，原来这家店是大梅、二梅、小陈三个外地人合伙开设的。

开业前期，三人精心策划了一系列的宣传活动，以吸引更多的小区居民进店，其中包括邀请腰鼓队宣传、免费发放鸡蛋和面条、免费做艾灸按摩等噱头，这些活动都引起了广泛的关注和热议。李大爷被活动吸引，排队领了鸡蛋和面条，还做了一次艾灸按摩，在享受完这些福利之后，大梅向他介绍了交30元送礼品、交50元返70元现金等优惠活动。一开始，李大爷对此表示怀疑，他认为这些优惠活动可能是骗人的。但是，当邻居孙大爷交了50元，现场确实返回了70元的时候，李大爷的怀疑消失了，他开始相信这些优惠活动是真实可靠的，也决定参加。

（二）充值返现陷骗局

见顾客越来越多，大梅开始宣称交 1350 元即可成为银卡会员，可得到 2150 积分，1 积分相当于 1 元钱，艾灸店会以返现的形式，除节假日外每天返 3 元至 9 元给会员，直至 2150 积分返完为止，并表示成为会员可参加免费旅游，还可免费领取奖品等，同时还推出了 6750 元的金卡、13500 元的白金卡、27000 元的钻石卡会员。李大爷听到大梅宣传的会员制度后，非常感兴趣。他认为交纳一定的会费就可以得到返利和免费旅游等福利，非常划算。于是，他返回家中与张大妈商量。但是，张大妈一听要拿出这么多钱，并不同意。她觉得这样的投资风险太大了，而且也不知道返利是否真实可靠。

本来，张大妈想给儿子小李打电话商议一下，但想到儿子这段时间工作繁忙，又打消了这个念头。这时，孙大爷给李大爷打电话问他钱准备好了没有。孙大爷也对会员制度深信不疑，告诉李大爷这是一项非常明智的投资，可以帮助他获得更多的回报。张大妈听到孙大爷也对此深信不疑，就打消了疑虑，将钱给了李大爷拿去充值成为会员。

过了几天，李大爷和张大妈饭后遛弯儿，发现昨天还门庭若市的艾灸店今天忽然人去楼空，联想到自己也没有收到承诺的返利，老两口儿意识到事情不对。就在这时，孙大爷打来电话告诉他们，他也没有收到任何返利。三人都感到非常震惊和愤怒，立刻拨打了 110 报警电话。

(三) 法院判决扬正义

经调查，大梅邀约小陈、二梅开设艾灸店，开业前期，大梅印制了开业领奖宣传单，并与小陈、二梅等人一起以邀请腰鼓队宣传、免费发放鸡蛋和面条、免费做艾灸按摩等噱头，吸引不特定老年人进店。大梅等人先宣传并兑现了交30元送礼品、交50元返70元现金等活动，骗取中老年人信任，然后又推出会员返利活动，吸引老年人投资。很多老年人被大梅的宣传蒙蔽，纷纷充值成为会员，充值款共计49万余元。随后，大梅等人将协议、票据等大量证据销毁，携款潜逃。

一审法院判决：大梅犯诈骗罪，判处有期徒刑8年，并处罚金人民币5万元；小陈犯诈骗罪，判处有期徒刑2年，并处罚金人民币8000元；二梅犯诈骗罪，判处有期徒刑1年6个月，缓刑2年，并处罚金人民币5000元；在案扣押的涉案赃款发还被害人，各被害人的其余损失由三被告人继续予以退赔；在案扣押的作案工具予以没收。大梅不服一审判决，提出上诉。二审法院判决驳回上诉，维持原判。

是非曲直

老年人往往因为年龄和经验等原因，容易成为诈骗分子的目标。增强老年人的反诈意识，应该引起全社会的关注。

本案中，不法分子以免费发放鸡蛋和面条、免费做艾灸按摩等噱头，吸引老年人注意，并以兑现交 30 元送礼品、交 50 元返 70 元现金等活动的方式，取得老年人信任。不法分子步步为营，精心设下"会员返利"的骗局，在骗取老年人大额充值后销毁票据、携款潜逃，严重侵害了老年人的财产权益。其行为已经触犯《刑法》，构成诈骗罪。

此外，作为被害人的李大爷、张大妈、孙大爷，也存在疏忽大意、反诈意识薄弱、轻信陌生人等问题。本案中，这三人由于对诈骗手段缺乏了解和警惕意识不足，在面对所谓的投资机会时，贪图小利而未能识破诈骗分子的欺诈伎俩。他们逐步陷入诈骗分子设计的圈套，将自己的财物交给对方，最终遭受了财产损失。本案的审判结果对其他潜在的诈骗受害者具有警示作用，广大老年人要时刻保持警惕，不要轻信陌生人的说辞，避免因一时贪图小利而被骗。

而作为儿子的小李，虽然在案件中出场较少，却是现在很多子女的一个缩影。由于工作繁忙，许多子女忽略了与父母的沟通，没有及时为他们普及新型诈骗手段。这起案件再次提醒我们，子女应该珍惜与父母相处的时光，关注他们的生活动态，尤其是在新型诈骗手段层出不穷的今天，通过与父母分享安全知识，帮助他们增强防骗意识，不仅能够降低家庭受骗的风险，也有助于增进亲子关系。

法官提示

(一) 老年人自身应增强防骗意识

随着社会的发展,老年人的生活水平得到了很大的提高,但是也面临着越来越多的诈骗风险。不法分子往往打着"养老帮扶"的旗号,采取各种花样百出的诈骗手法,如免费旅游、义务诊疗、养生讲座、积分兑礼等形式,对老年人进行诈骗。这些诈骗手段陷阱重重,老年人一定要增强防骗意识,保护自己的财产和安全。

首先,老年人应该保持清醒头脑,不要贪图蝇头小利,不轻信陌生人。在日常生活中,老年人要时刻提醒自己,世上没有免费的午餐,遇到任何看似美好的机会都要谨慎对待。特别是涉及金钱的事情,一定要多加考虑和核实,不要轻易相信。如果有疑问或者不确定的地方,可以多与子女商量,听取他们的意见和建议。

其次,老年人可以通过多种途径了解当前多发的各类诈骗手段,加强对诈骗伎俩的识别能力。平时可以多关注与生活相关的新闻媒体,了解最新的诈骗案例和防范措施。参加社区组织的反诈活动也是一个很好的途径,可以结交更多的朋友,了解更多的信息。此外,国家反诈中心APP也是一个非常实用的工具,可以帮助老年人及时了解最新的诈骗信息和防范措施。

最后,老年人还可以寻求亲友和社会的帮助,共同防范诈骗风险。老年人可以向子女、亲戚、朋友等身边的人寻求帮助和支持,让他们知道自己的情况和需求。同时,也可以加入一些志愿者组织或者社区服务团体,丰富精神生活,降低被骗的风险。

(二)子女应该给予父母更多关爱与陪伴

老年人走入人生暮年,开始害怕孤独、向往陪伴,不法分子正是抓住老年人的这一心理作为获取非法利益的突破点。子女要多与父母沟通,了解他们的生活状况,给予关心和陪伴,不给骗子打"感情牌"的机会;多向父母宣传防范诈骗知识,与父母约定大额支出多与自己商量;如果发现父母被骗,应耐心劝导,及时止损并报警。

除了以上提到的防范措施以外,子女还可以从以下几个方面加强与父母的联系:

1. 经常回家看望父母。即使工作再忙,也要尽量抽出时间回家看看父母,陪他们聊聊天、散散步、吃吃饭,让他们感受到家庭的温暖和关爱。

2. 帮助父母解决生活中的问题。老年人适应新事物的能力可能有限,有些问题可能需要子女的帮助才能解决。子女可以主动承担起这些责任,让父母跟上时代,感受到自己的存在价值和意义。

3. 尊重父母的意见和选择。虽然子女可能有自己的想法和主张，但是在处理一些事情时也要尊重父母的意见和选择。这样可以让父母感受到被尊重。

4. 陪伴父母参加社交活动。老年人往往会因为退休或身体原因而缩小社交圈，子女可以鼓励他们参加社区组织的活动、志愿者服务等，让他们有机会结交新朋友，丰富自己的生活。

总之，子女应该给予父母更多关爱与陪伴，让他们感受到家庭的幸福。同时，也要教育父母如何防范诈骗，增强他们的安全意识和防骗能力，共同维护家庭的安全和和谐。

（三）社会应加强对老年人的宣传教育和保障服务

我国社会老龄化程度不断加深，老年人的认知能力减弱，在面对各种骗局时往往容易上当受骗。诈骗分子常常利用老年人的心理特点，以虚假承诺、高额回报等手段来诱骗老年人进行投资或购物，从而达到非法牟利的目的。因此，老年人反诈意识的增强显得尤为重要。

首先，社会应该加强对老年人的宣传教育。可以通过多种渠道，如社区宣传、电视广告、网络平台等，向广大老年人普及防骗知识和技巧。特别是那些经济状况较差、生活经验较少的老年人，更需要得到特别的关注和帮助。同时，还应该鼓励老年人积极参与社会活动，增强他们的社交能力和自我保护能力，降低被骗的风险。

其次，社会应该加强对老年人的保障和服务。应该建立健全老年人权益保障体系，为老年人提供更加优质、便捷的社会服务。特别是那些身体状况较差、经济状况困难的老年人,更需要得到特殊的关注和帮助。同时,还应该加大对老年人的法律援助和维权服务的支持力度,为老年人提供法律咨询、代理诉讼等服务,保护他们的合法权益。

最后,全社会都应该共同参与到老年人反诈斗争中来。不仅政府、社会组织和广大公民要共同努力,媒体也应充分发挥作用,及时报道老年人被骗的案例,揭露诈骗分子的手段和伎俩,提高老年人对诈骗的认识和警惕性。只有全社会共同行动起来,才能有效地打击诈骗,维护老年人的合法权益和社会安全稳定。

法律链接

《中华人民共和国刑法》

第二十五条第一款 共同犯罪是指二人以上共同故意犯罪。

第二十六条第一款 组织、领导犯罪集团进行犯罪活动的或者在共同犯罪中起主要作用的,是主犯。

第二十七条 在共同犯罪中起次要或者辅助作用的,是从犯。

对于从犯,应当从轻、减轻处罚或者免除处罚。

第二百六十六条 诈骗公私财物,数额较大的,处三年以下有期徒刑、拘役或者管制,并处或者单处罚金;数额巨大或者有其他严重情节的，处三年以上十年以下有期徒刑，并处罚金；数额特别巨大或者有其他特别严重情节的，处十年以上有期徒刑或者无期徒刑，并处罚金或者没收财产。本法另有规定的，依照规定。

小　结

　　老年人年龄大，资历深，通常认为自己是家里的权威，有时会对子女的劝说不以为然，固执己见。也有很多老年人得知被骗会陷入自责，或者百般隐瞒，生怕被子女发现，被当作家庭的负担和无用之人。因此，对老年人自身来说，保持与时俱进，多看外面的世界，多与子女沟通，增强判断力，是让自己远离骗术陷阱的重要途径。选择养老服务商品时，千万不要听信药品"100%有效、无副作用"，投资"超高收益率"，"绝对无风险"，"全部免费"这类说辞，应保持理智，选择正规、合法的养老服务。

　　更重要的是，子女要为父母提供"情感后盾"。子女应主动帮助父母远离套路营销。除了向父母多科普诈骗套路、多聊聊社会动态、多进行风险提醒，还要关注父母的情感需求、思想心理状态。走入人生的暮年，对孤独的害怕、对陪伴的向往、对健康的渴望，成为老年群体的主要期盼，而老年人的这些期盼也容易成为诈骗团伙牟取非法利益的突破点。当推销假冒伪劣保健品的人天天上门嘘寒问暖，"比儿女都暖"时，有的老年人便会心甘情愿地购买"三无"产品。

　　莫道桑榆晚，人间重晚晴。家人的关心，可以有效帮助老年人形成预防诈骗免疫力，增强老年人自我保护意识和能力。帮老年人远离诈骗陷阱，需要不断完善养老服务，更好满足老年群体的美好生活需要。每个人都会变老，让老年人不仅"老有所养"而且安心舒心，需要全社会的共同努力。

合同纠纷编

引　言

随着经济社会的发展、消费水平的提高，老年群体也越来越关注生活的品质，他们乐于尝试新鲜事物，追求更高层次的物质水平和精神文明，老年群体消费正从"衣食住行"等传统行业向服务行业转型。正因如此，不少商家看中了老年人手中的"闲钱"，各类服务机构应运而生，各类"合同"渗透在老年人生活的方方面面。但老年人因对合同的内容以及法律的规定一知半解，诉讼能力较弱，在合同履行过程中，其权益容易受到损害。本编通过合同纠纷典型案例，引发老年消费群体思考，同时，增强老年消费群体的法律意识，当权益受损时，学会用法律维权。

案例一

警惕瞄准老年人的保健产品消费欺诈

——对老年人消费欺诈，应承担惩罚性赔偿责任

高智新[1]

随着我国老年人数量的不断攀升，社会上保健产品"坑老"现象时有发生，产品的销售者抓住老年人"健康焦虑"的心理，通过嘘寒问暖、赠小博大、专家义诊等方式，逐渐骗取老年消费者的信任，再借机虚假宣传、夸大保健产品功效进行销售，损害老年人的合法权益。像"包治百病""抑制癌细胞""预防三高"等，都是保健产品虚假夸大宣传的常用话术，违反了《消费者权益保护法》《广告法》等规定。根据法律规定，经营者提供商品或者服务有欺诈行为的，消费者可以对商家主张惩罚性赔偿。

---

[1] 高智新，北京市延庆区人民法院民事审判二庭四级法官助理。

前因后果

(一) 花招不断骗取信任

李大妈年近六十,刚刚退休,平日里十分重视身体的保养,时不时买些保健品,身体也比较健康,就是有些老年人常见的慢性病:高血压和腰腿疼痛,她也没太当回事儿。一天,李大妈约朋友王大妈一起去逛街,两人走在路上,迎面走来一个年轻男子,热情地向她们问好。两人正不解,那人又说道:"两位阿姨可真有气质,一看就是平时很注重保养,在人群里十分抢眼。我是某公司的销售经理,我们是专注中老年人健康的大企业,明天我们的新店开业,要办一个高端沙龙活动,只有受邀请的人才能参加,只要参加就有好礼相送,还会有三甲医院的医生进行免费义诊并教您如何正确保养身体,同时,当天我们店内所有的产品都可以进行免费体验,欢迎两位美女阿姨光临。"一顿"彩虹屁"过后,李大妈、王大妈心花怒放,二人随即答应参加,心想反正也不用花钱,可以学学保健知识,还能免费领礼品。

(二) 重金买下"治病"床垫

第二天,两人如约到店,一进到店里,年轻男子便对她们嘘寒问暖,端茶倒水,忙前忙后,让平日里缺少子女陪伴的李大妈、王大妈感到十分舒心。听完讲座，医生为她们进行了义诊，最后严肃说道："慢性病会带来非常严重的后果，必须重视治疗，否则后果不堪设想。"听了此话，李大妈、王大妈很是担心。这时年轻男子又说道："阿姨，你们不用着急，我来介绍一款产品，能治疗你们的疾病。就是这款量子磁疗床垫，能够治疗各类慢性病，可以降血压、降血脂、降血糖，还能缓解腰酸背痛，每天只需要 40 分钟，躺着都能治病，你们看看我们的宣传单，能治疗的疾病多着呢。现在你们就可以进行体验，今天我们开业大酬宾，如果体验后当天购买，我给你们争取最大的优惠，原价 18888 元，今天只要 8888 元，直降 1 万元，之后购买就没有这么大的优惠力度了。"李大妈、王大妈随即躺在量子磁疗床垫上进行体验，40 分钟过后，果然感觉腿不那么酸疼了，再加上年轻男子的循循诱导，两人当即决定买下床垫，心满意足地回家了。

(三) 花钱容易退钱遭阻

李大妈回到家后，寄希望于床垫能够治好高血压和腰腿疼痛，便停掉了降血压的药，坚持每天都在床垫上躺 40 分钟。可是，两个月过去了，血压不但没降，反而升高了。这天，李大妈感到身体不适，有些头晕，一量血压，收缩压达到了 170mmHg，舒张压达到了 100mmHg，吓得赶紧给女儿打电话。李大妈的女儿回家一问才知道是怎么回事，幸好到医院看过后并无大碍。经询问，王大妈的情况也差不多。于是几天后，李大妈的女儿带着李大妈、王大妈回到购买床垫的店里，要求退货退款。谁知花钱容易退钱难，年轻男士一改往日笑盈盈的面孔，不满地说："慢性病治疗本来就慢，最起码得用上一年半载。再说哪有用过的东西还能退的道理？"双方遂发生纠纷，李大妈、王大妈将商家诉至法院，要求退款并支付赔偿金。

（四）法院判决惩恶扬善

法院经审理后作出判决：商家于本判决生效后 7 日内分别退回李大妈、王大妈货款 8888 元，李大妈、王大妈各自返还商家量子磁疗床垫一个。同时，商家因存在虚假宣传、对消费者进行欺诈的行为，需要向李大妈、王大妈分别支付赔偿金 26664 元。宣判后，各方当事人均未提出上诉。

▶ 是非曲直

（一）经营者向消费者提供的信息应当真实、全面

《消费者权益保护法》规定，经营者向消费者提供有关商品或者服务的信息，应当真实、全面，不得作虚假或者引人误解的宣传；《广告法》规定，除医疗、药品、医疗器械广告外，禁止其他任何广告涉及疾病治疗功能，并不得使用医疗用语或者易使推销的商品与药品、医疗器械相混淆的用语。本案中，商家口中所谓"包治百病"的量子磁疗床垫，其实只有轻度缓解肌肉疲劳的效果，该效果通过休息同样能够达到，无法从

根本上调节患者体内环境，治疗各种慢性疾病更是没有任何实际依据，商家使用了夸大治疗效果的宣传方式，向消费者提供了不实信息，对消费者造成了误导，违反了上述法律的规定。

（二）经营者提供商品或服务存在欺诈行为的，应承担惩罚性赔偿责任

《消费者权益保护法》规定，经营者提供商品或者服务有欺诈行为的，应当增加赔偿消费者受到的损失，增加赔偿的金额为消费者购买商品的价款或者接受服务的费用的3倍。本案中，量子磁疗床垫治疗慢性病并没有实际依据，其描述的商品功效并未经过监管部门的核准或认可。而商家通过销售宣传量子磁疗床垫"包治百病"，对渴望健康的老年人产生了吸引力，进而导致李大妈、王大妈花费8888元购买了实际上只能缓解肌肉疲劳的床垫，其宣传、允诺的内容与实际情况不符，属于以虚假或者引人误解的内容欺骗、误导消费者。因此，法院认定商家的行为构成欺诈消费者，应当向李大妈、王大妈退还货款并承担惩罚性赔偿责任，即支付商品价款3倍的赔偿金。

法官提示

（一）熟悉消费欺诈套路，增强防骗意识

老年人是保健产品消费的主要群体，也是保健产品欺诈的

"重灾区"。不法商家正是看中老年人"健康焦虑"的心理，利用这种心理，对其实行欺诈。老年人要熟悉消费欺诈的典型套路，才能避免损失。

套路一：免费赠礼。一般以馈赠鸡蛋、面粉等廉价生活用品的方式吸引老年人注意，搜集老年人的信息并建立初步的信任关系。

套路二：健康义诊。通过开设养生讲座、权威专家义诊等方式，博取老年人的信任，为销售保健品铺平道路，所谓的专家通过恶意夸大老年人身体的疾病，与销售人员打配合借机推销保健产品。

套路三：情感营销。情感营销贯穿始终，通过对目标老年人嘘寒问暖、上门照顾等方式，与老年人建立起"牢固"的情感关系，抓住保健产品的客源。

套路四：找托双簧。出钱找一些能说会道的老年人，通过"老人托儿"引诱其他老年人参与讲座，并现身说法，欺诈不明真相的老年人。

(二) 崇尚科学保持清醒，理性购买保健产品

老年人需要正确认识保健产品，保健产品不能代替药品。选择适合自己身体的保健产品，长期服用（使用）可以改善身体机能、调节身体状况，但是不能治病。购买保健产品时应注意以下几个方面的问题：

1. 认准"小蓝帽"。针对保健食品，应当认准保健食品标志，不要购买无保健食品标志的非法产品。

2. 看好说明书。购买保健产品时,应当仔细阅读产品说明,注意商家宣传的功能是否在产品说明上标明,若产品说明中标明产品可以治病,则不要轻信购买。

3. 留存好票据。购买保健产品一定要向商家索要发票、收据,并予以留存,尤其是在各大展销会上购买的,要更加留心,以免权益受损后求偿无门。

4. 有病及时就医。保健产品不能代替药品,当身体出现不适时,应当及时前往正规医院进行治疗,以免延误病情。

5. 不要冲动消费。老年人在购买保健产品时,尤其是金额较高时,不要冲动消费,应三思而后行,可以与子女、家人商量,理性决策。

(三) 陪伴和沟通,是消费欺诈的有效预防手段

"亲情营销"之所以屡试不爽,多缘于老年人缺少子女的陪伴和沟通。《老年人权益保障法》规定家庭成员应当关心老年人的精神需求,将关爱老年人、看望老年人上升为法律规定。"孝亲敬老"是中华民族的传统美德,子女应当多关心父母的身体状况,多和父母交流探讨,通过现实案例,让他们了解保健产品消费欺诈的惯用套路,打好预防针,帮助他们建立科学理性的消费观。多带父母进行正规的体检,让父母了解自己的身体状况,当父母身体不适时,及时陪父母前往医院就医。另外,应当引导老年人找到适合自己的爱好,让他们的空闲时光丰富多彩起来,保持乐观积极的心态,安享幸福晚年。

法律链接

《中华人民共和国消费者权益保护法》

第二十条第一款 经营者向消费者提供有关商品或者服务的质量、性能、用途、有效期限等信息,应当真实、全面,不得作虚假或者引人误解的宣传。

第四十五条第一款 消费者因经营者利用虚假广告或者其他虚假宣传方式提供商品或者服务,其合法权益受到损害的,可以向经营者要求赔偿。广告经营者、发布者发布虚假广告的,消费者可以请求行政主管部门予以惩处。广告经营者、发布者不能提供经营者的真实名称、地址和有效联系方式的,应当承担赔偿责任。

第五十五条第一款 经营者提供商品或者服务有欺诈行为的,应当按照消费者的要求增加赔偿其受到的损失,增加赔偿的金额为消费者购买商品的价款或者接受服务的费用的三倍;增加赔偿的金额不足五百元的,为五百元。法律另有规定的,依照其规定。

《中华人民共和国广告法》

第三条 广告应当真实、合法,以健康的表现形式表达广告内容,符合社会主义精神文明建设和弘扬中华民族优秀传统文化的要求。

第四条 广告不得含有虚假或者引人误解的内容,不得欺骗、误导消费者。

广告主应当对广告内容的真实性负责。

第十七条 除医疗、药品、医疗器械广告外，禁止其他任何广告涉及疾病治疗功能，并不得使用医疗用语或者易使推销的商品与药品、医疗器械相混淆的用语。

第二十八条第一款 广告以虚假或者引人误解的内容欺骗、误导消费者的，构成虚假广告。

《中华人民共和国老年人权益保障法》

第十三条 老年人养老以居家为基础，家庭成员应当尊重、关心和照料老年人。

第十四条第一款 赡养人应当履行对老年人经济上供养、生活上照料和精神上慰藉的义务，照顾老年人的特殊需要。

第十八条 家庭成员应当关心老年人的精神需求，不得忽视、冷落老年人。

与老年人分开居住的家庭成员，应当经常看望或者问候老年人。

用人单位应当按照国家有关规定保障赡养人探亲休假的权利。

案例二

遇"旅游陷阱"别担心,用法律武器来维权

——旅游经营者未尽到安全保障义务应承担违约责任

王 芹①

我国人口老龄化程度的加深,给旅游业带来了数量可观的潜在"银发"旅游者。退休后,老年人闲暇时间较多,约上好友外出旅游成为常态,跟团旅游成为老年人退休生活的一种新风尚。老年人在签订旅游合同时,要注意审查旅游经营者是否具有相应的代理权和签约资质。在旅游过程中,若旅游经营者存在违反旅游合同约定的行为,老年人要及时通过诉讼途径维护自身权益。因旅游经营者方面的原因造成老年人人身损害、财产损失的,可要求旅游经营者承担违约责任或者侵权责任。

---

① 王芹,北京市延庆区人民法院行政审判庭(综合审判庭)法官。

前因后果

(一) 签订合同去旅行

69岁的李大妈与甲旅行社签订了《团队境内旅游合同》，约定甲旅行社组织李大妈等34人参加重庆市区+大裂谷3日游，旅游费用为成人99元/人，其中导游服务费20元/人。合同载明旅行社的义务为："在出团前如实告知具体行程安排和有关具体事项，具体事项包括但不限于所到旅游目的地的重要规定、风俗习惯，旅游活动中的安全注意事项和安全避险措施……；景区注意事项：在乘车时，最好选择中间位置及舒适座位，以防晕车引起恶心、呕吐……"李大妈向甲旅行社支付了旅游费用。

(二) 旅行途中受重伤

旅行途中，李大妈乘坐景区开放式观光车，座位位于车辆的最后一排，背对车辆行进方向，所在座位无安全带装置。车辆启动时，李大妈从座位上跌落，倒地受伤。随后，李大妈被送至医院就医，住院期间共花费医疗费104282.66元。事后，某司法鉴定中心出具司法鉴定意见书，鉴定结论为：李大妈因外伤致腰2、3椎体压缩性骨折，评定为九级伤残；因外伤致左侧人工全髋关节置换术后，评定为九级伤残。

据此，李大妈将甲旅行社诉至法院，要求支付人身损害赔偿237120.36元。

（三）旅行社拒不担责

庭审中，甲旅行社辩称《团队境内旅游合同》中已经明确说明了景区注意事项："在乘车时，最好选择中间位置及舒适座位，以防晕车引起恶心、呕吐等……"旅行社已经充分履行危险告知义务、危险防范义务，对事故的发生不应承担责任。李大妈作为完全民事行为能力人，在乘车时疏忽大意导致事故发生，应当承担全部责任。

（四）法院判决化矛盾

一审法院认为，甲旅行社未充分履行危险告知义务、危险防范义务，未尽到对李大妈的安全保障义务，应当对事故的发生承担主要责任。但李大妈作为完全民事行为能力人，对旅游中可能存在的风险也应具备一定的预见防范能力，故对此次事故的发生亦有一定过失。法院判决甲旅行社于判决生效之日起10日内向李大妈支付赔偿金114962.98元；驳回李大妈的其他诉讼请求。甲旅行社不服一审判决，提出上诉。二审法院判决驳回上诉，维持原判。

▶ 是非曲直

(一) 旅游经营者未尽到安全保障义务应承担违约责任

本案中,甲旅行社作为旅游经营者,应在合理限度范围内对旅游者负有安全保障义务,该义务包括风险告知义务、危险防范义务、危险救助义务等。甲旅行社在与李大妈签订合同后,未向李大妈充分提示旅游行程中存在的风险;在其安排的旅游行程中,将李大妈安排至未配备安全带的观光车就座,在明知李大妈系 69 岁高龄老年人的情况下,未考虑其身体状况和安全保障需要,也未举证证明尽到了提示、维护安全等附随义务。故甲旅行社未充分履行危险告知义务、危险防范义务,未尽到对李大妈的安全保障义务,应当对事故的发生承担主要责任。

(二) 自身对事故的发生有过错要承担相应损失

《民法典》第一千一百七十三条规定:"被侵权人对同一损害的发生或者扩大有过错的,可以减轻侵权人的责任。"本案中,李大妈作为完全民事行为能力人,且经常参与旅游项目,对自身安全负有谨慎的安全注意义务,对旅游中可能存在的风险也应具备一定的预见防范能力,故对此次事故的发生亦有一定过失。对李大妈此次受伤造成的损失,法院酌定由甲旅行社承担 60% 的民事赔偿责任,由李大妈自行承担 40% 的损失。

法官提示

(一) 选择正规旅游经营者

老年人旅游出行前,应当通过正规渠道,选择取得文化旅游行政管理部门许可、在市场监督管理部门登记注册的旅行社,要注意旅行社的三证(业务经营许可证、营业执照、税务登记证)是否齐全,不要贪图便宜而选择不正规的小旅行社。现在的旅游市场混杂着以保健产品、保险公司、户外活动、微信群等名义非法组织旅游的机构和个人,老年人不要贪图便宜参加,更不要轻易相信打着"免费"口号的旅游团。老年人在日常生活中要增强防范意识,尤其要提防过分热情主动上门介绍旅游项目、重点推荐免费旅游项目的人。

(二) 订立旅游合同要谨慎

旅行前,要和旅行社签订合法有效的旅游合同,并注意索要和保留相关发票。要认真仔细阅读合同条款及相关提示,尤其是认真听取安全方面的告知、警示。老年人在选择游览、娱乐项目时,要与旅行社就相关服务项目进行详细约定。应根据自身身体状况,选择适宜参加的旅游项目,并投保必要的人身意外伤害保险,在旅行社未尽到提示告知义务时要主动要求其进行提示和告知。若选择出境游，注意旅行社需具备出境游业务资质。

(三) 遭受损失后注意留存证据

老年人在旅游过程中，要时刻注意人身和财产安全，认真听取并遵守旅游经营者、景区的安全警示和说明，重视导游和领队的安全警示和告知。在游览期间，根据自身情况，选择合适的旅游线路和游览设施，不从事危险的活动，不擅闯危险区域，遇到紧急情况，立即向旅游经营者或景区工作人员求助。遇到强制购物情况，有权拒绝，并且可以到相关部门投诉。若旅游途中发现行程、景点"缩水"，或旅游项目被擅自增减变更，可拒付相关费用。

老年人在旅游时遭受人身和财产损失的，应注意保存好合同、交费凭证等相关证据。老年人与旅行社产生纠纷后，可以通过多种途径解决，可以选择向消费者协会、旅游投诉受理机构或者向有关调解组织申请调解，双方应本着平等原则协商解决纠纷；如果协商不成，可以申请仲裁机构仲裁或选择向法院提起诉讼。

法律链接

《中华人民共和国民法典》

第一千一百六十五条第一款 行为人因过错侵害他人民事

权益造成损害的，应当承担侵权责任。

第一千一百七十三条 被侵权人对同一损害的发生或者扩大有过错的，可以减轻侵权人的责任。

第一千一百七十九条 侵害他人造成人身损害的，应当赔偿医疗费、护理费、交通费、营养费、住院伙食补助费等为治疗和康复支出的合理费用，以及因误工减少的收入。造成残疾的，还应当赔偿辅助器具费和残疾赔偿金；造成死亡的，还应当赔偿丧葬费和死亡赔偿金。

《最高人民法院关于审理旅游纠纷案件适用法律若干问题的规定》

第七条第一款 旅游经营者、旅游辅助服务者未尽到安全保障义务，造成旅游者人身损害、财产损失，旅游者请求旅游经营者、旅游辅助服务者承担责任的，人民法院应予支持。

第八条 旅游经营者、旅游辅助服务者对可能危及旅游者人身、财产安全的旅游项目未履行告知、警示义务，造成旅游者人身损害、财产损失，旅游者请求旅游经营者、旅游辅助服务者承担责任的，人民法院应予支持。

旅游者未按旅游经营者、旅游辅助服务者的要求提供与旅游活动相关的个人健康信息并履行如实告知义务，或者不听从旅游经营者、旅游辅助服务者的告知、警示，参加不适合自身条件的旅游活动，导致旅游过程中出现人身损害、财产损失，旅游者请求旅游经营者、旅游辅助服务者承担责任的，人民法院不予支持。

案例三

辨别养老机构需要有一双"慧眼"

——免责条款不能排除养老机构应尽的护理义务

郝增丽[①]

赡养父母是中华民族的传统美德,也是为人子女应当履行的法定义务。但实践中存在不少子女因为工作等原因没有办法亲自照顾年迈父母,在征得父母同意后选择将其送到养老机构的情形。在选择养老机构时,应注意辨别养老机构优劣并审查养老服务合同。此外,养老机构的服务并未导致子女监护职责的转移,托付给养老机构也并不代表子女不用履行赡养义务,还是要时常去看望父母,给予爱与陪伴,承担照料责任。

---

① 郝增丽,北京市延庆区人民法院立案庭(诉讼服务中心)法官助理。

前因后果

（一）入住养老公寓

某养老公寓（甲方）、张大爷（乙方，入住老人）、张大爷女儿（乙方监护人）签订了《养老服务合同》，约定乙方入住某养老公寓，接受甲方提供的养老服务，并向甲方支付相应的费用，乙方入住甲方的养老服务费为每月4300元，其中包括照护费、床费、餐费，乙方应支付甲方押金1万元，该押金可用于抵扣欠付的养老服务费、违约金、赔偿金以及出现突发救治时需支付给医院的押金及相关费用等。甲方的义务包含按照合同约定向乙方提供符合服务质量标准的养老服务，在提供服务过程中，尊重乙方，尽力合理地保障乙方的人格尊严和人身、财产安全；当乙方发生紧急情况时，及时通知乙方监护人；在乙方突发危重疾病时，及时通知乙方监护人并转送医疗机构救治等。

合同后附专项免责条款写明："因入住老人年事已高、体弱多病……将存在的潜在以下风险向您作如下告知：老人都存在不同程度的骨质疏松，因此在服务过程中，老人可能因步态不稳而跌倒，或因在使用座椅、座便和活动时用力不均等原因，导致老人出现软组织损伤、骨折（伤残）、死亡等意外。卧床老人基本都存在不同程度的低蛋白血症或患有免疫功能方面的疾病，极易出现皮肤意外：皮肤水疱、褥疮……本院工作人员已将上述入住老人潜在意外风险明确告知入住老人的家属，若上述情况出现，养老机构不承担赔偿责任。"

合同签订后，张大爷交纳保证金 1 万元及养老费等，并开始入住某养老公寓。

（二）老人不幸去世

一天，张大爷在养老公寓摔倒，其后因臀部皮肤发红破溃、股骨颈骨折等问题至医院住院治疗。数月后，张大爷因病去世，死亡原因为食欲不振、右侧股骨颈骨折、褥疮。为治疗摔伤和褥疮，张大爷住院治疗共 68 天，支出医疗费、护理费等，张大爷女儿起诉要求养老公寓支付医疗费 6054.98 元、住院伙食补助费 6800 元、营养费 6800 元、护理费 19040 元、交通费 92 元。

（三）双方各持己见

张大爷女儿坚持认为是养老公寓的护理人员照顾不周致使张大爷摔伤，造成左侧出现大面积褥疮，同时发现右侧股骨颈骨折，致使张大爷住院治疗，对此，其提交出警记录、视频资料等，还称因护理人员照顾不周导致张大爷摔倒，且就此事报警，双方未协商一致。养老公寓并不认可，称张大爷女儿提交的证据未能体现老人摔倒过程及原因，老人因褥疮住院，无法佐证张大爷去世与养老公寓相关。

(四) 两级法院判决

一审法院审理后作出判决：某养老公寓于判决生效后 10 日内退还张大爷女儿保证金 7161.29 元；支付医疗费 6054.98 元、住院伙食补助费 6800 元、营养费 3400 元、护理费 11424 元；驳回张大爷女儿的其他诉讼请求。养老公寓不服一审判决，提出上诉。二审法院判决驳回上诉，维持原判。

是非曲直

(一) 合同双方应按照合同约定履行义务

《民法典》第五百零九条第一款规定："当事人应当按照约定全面履行自己的义务。"某养老公寓与张大爷、张大爷女儿签订的《养老服务合同》系双方当事人的真实意思表示，不违反法律、行政法规的强制性规定，属合法有效，双方应全面如实地履行义务。张大爷向养老公寓交纳了服务费，养老公寓应提供符合标准的服务。张大爷至医院就诊时发现患有股骨颈骨折及褥疮病症，其就诊前一直由养老公寓照护，因此张大爷的伤情与养老公寓具有因果关系。

(二) 免责条款不能排除养老公寓应尽的护理义务

《民法典》第四百九十七条、第五百零六条分别规定了格式条款和免责条款的无效情形。《养老服务合同》中的免责条款虽约定了因老人自身原因如不慎摔倒导致骨折、因低蛋白血症或患有免疫功能方面的疾病导致褥疮，养老机构不承担赔偿责任，但并不能因此排除养老公寓依合同应尽的主要责任即护理义务，养老公寓应提供相应的证据证实其尽到了护理义务。养老公寓若未能对导致张大爷骨折的原因作出合理说明，亦未提供证据证明褥疮系张大爷患有低蛋白血症或免疫功能方面的疾病所致，应认定养老公寓未能尽到合同约定的护理义务，构成违约，承担违约责任。

法官提示

（一）选择养老机构需要细心甄别

我国养老机构类型多样，主要包括敬老院、养老院、老年护理院、养老公寓、老年人服务中心等。2018年，国家市场监督管理总局、中国国家标准化管理委员会发布《养老机构等级划分与评定》国家标准，从环境、设施设备、运营管理和服务四个方面进行考核，将养老机构分为五个等级，从低到高依次为一级、二级、三级、四级、五级。

子女在选择养老机构时应注意下列事项：

1. 核实养老机构是否资质齐全。例如，养老机构是否有相应的设立许可或者登记备案，是否有相对完善的制度，养老机构工作人员根据岗位是否有相应的资格证书。

2. 尽可能选择等级更高的养老机构。老年人或多或少都有基础疾病或存在突发疾病的可能,若养老机构等级较高,则证明其有更好的硬件设施、医养结合条件和护理服务,能让父母住得安心、舒心、放心。

3. 确认父母是否属于限制民事行为能力人或无民事行为能力人,假如父母不属于限制民事行为能力人或无民事行为能力人,选择养老机构前应先征得父母的同意。

(二) 养老机构的服务并未导致监护职责的转移

老年人及其子女与养老机构签订的养老服务合同是平等民事主体之间达成合意,约定各自权利义务的协议。老年人及其子女向养老机构支付报酬,遵守养老机构的各项管理规定,养老机构则依照合同为老人提供专业服务,照料老人日常生活,满足其在养老机构内衣食住行、医疗护理、心理干预等方面的需求。

需要强调的是,子女将照料父母的日常生活事务委托给养老机构,并未导致子女赡养义务和监护职责的转移。承担父母赡养义务和监护职责的仍然是子女,子女并不因委托而失去监护人和赡养人的身份与责任,其仍然需要承担照顾、照料责任,关心父母的精神需求,经常看望或者问候父母。

(三) 合同中约定造成对方人身伤害的免责条款无效

免责条款是指当事人约定的用以免除或限制其未来所负合

同责任的条款。根据《民法典》第五百零六条的规定，造成对方人身损害的，无论是故意还是过失均不能免责。养老机构在照料老年人日常生活的过程中，要保障其在机构内关于服务标准、配套设施、护理措施、日常管理等方面的安全需求，也要保障其免遭外来因素侵害的安全需求。由于年事已高，老年人生理机能退化，多患有基础疾病，养老机构在对老年人进行看护照料时应尽审慎的注意义务，用专业服务为老年人提供人身健康和安全保障。在老年人出现摔伤、突发疾病等特殊情况时，应当及时将老年人送医治疗且通知其子女或其他亲属，并提供必要的协助。若养老机构未充分履行上述安全保障以及照料义务，老年人突发疾病甚至死亡的，则应承担相应的赔偿责任。若养老机构已经充分履行上述义务，对老年人所患疾病甚至死亡没有过错的，无须承担赔偿责任。

法律链接

《中华人民共和国民法典》

第四百九十七条 有下列情形之一的，该格式条款无效：

（一）具有本法第一编第六章第三节和本法第五百零六条规定的无效情形；

（二）提供格式条款一方不合理地免除或者减轻其责任、加重对方责任、限制对方主要权利；

（三）提供格式条款一方排除对方主要权利。

第五百零六条 合同中的下列免责条款无效：

（一）造成对方人身损害的；

（二）因故意或者重大过失造成对方财产损失的。

《中华人民共和国老年人权益保障法》

第十五条第二款 对生活不能自理的老年人，赡养人应当承担照料责任；不能亲自照料的，可以按照老年人的意愿委托他人或者养老机构等照料。

第十八条 家庭成员应当关心老年人的精神需求，不得忽视、冷落老年人。

与老年人分开居住的家庭成员，应当经常看望或者问候老年人。

用人单位应当按照国家有关规定保障赡养人探亲休假的权利。

第七十九条 养老机构及其工作人员侵害老年人人身和财产权益，或者未按照约定提供服务的，依法承担民事责任；有关主管部门依法给予行政处罚；构成犯罪的，依法追究刑事责任。

案例四

民间借贷合同处处是学问

——关于夫妻债务、借款本金、保证责任的认定

杨延兴[1]

民间借贷合同在日常生活中十分常见,因民间借贷而产生的纠纷也层出不穷。老年人在作为出借人、借款人、保证人的时候难免因法律意识淡薄、法律知识欠缺而吃亏上当、陷入困境。我们需要为老年人排忧解难、宣传普及相关法律知识,促进借款合同规范化,让老年人在处理民间借贷法律关系时更加主动、从容。

---

[1] 杨延兴,北京市延庆区人民法院行政审判庭(综合审判庭)法官助理。

前因后果

（一）借款合同埋伏笔

张大爷与李大妈系夫妻关系，张大爷与王大爷、齐大爷系朋友关系。2021年2月1日，张大爷因急需用钱，便向王大爷出具《借条》载明：今借款人张大爷向出借人王大爷借款人民币现金11万元，每月利息为1000元，当月还清，借款期限为10个月，最终还款日为2021年10月1日。李大妈在"保证人"处签字，齐大爷在"连带保证人"处签字。当日，王大爷仅把10万以现金形式交给了张大爷，另外1万元作为利息先行扣除。

（二）意外去世起纠纷

2021年10月1日借款到期后，张大爷并未向王大爷偿还借款，而是每月向王大爷支付利息1000元。2022年6月，张大爷因意外去世。2022年8月，王大爷找到李大妈和齐大爷，要求李大妈偿还借款并要求齐大爷承担连带保证责任。李大妈认为自己没有义务还钱，齐大爷认为自己不应该承担连带保证责任，三方协商未果。

于是，王大爷将李大妈和齐大爷诉至法院，要求李大妈偿还借款11万元，并要求齐大爷对这11万元借款承担连带保证责任。

(三) 各执一词互不让

庭审中，王大爷认为，"欠债还钱，天经地义"，钱虽然是张大爷借的，但是张大爷借钱用于家庭生活，属于夫妻共同债务，张大爷去世了，李大妈要承担还钱的责任。齐大爷当初答应做连带保证人，并且在《借条》上签了字，就要承担连带保证责任，不能说话不算数。

李大妈认为，自己没什么文化，家里的钱一直都是张大爷保管，张大爷让自己在《借条》上签字，自己就把字签了，至于这钱干什么用了，自己也不清楚，这笔借款不能认定为夫妻共同债务。同时，齐大爷是连带保证人，王大爷应要求齐大爷承担还款责任。李大妈还表示当初王大爷只给了张大爷10万元，现在要求偿还11万元，自己对还款数额也不认同。

齐大爷则认为，自己虽然是连带保证人，但是在借款到期后，王大爷并没有在法定期间内要求自己承担连带保证责任，现在保证期间已经过了，自己没有义务承担责任。

(四) 法庭调解见成效

在庭前调解阶段，承办法官以客观中立的立场引导原、被告双方进行和谈，争取达成调解协议以便实质化解矛盾争议。王大爷同意李大妈偿还本金10万元即可，但是就齐大爷是否应承担连带保证责任的问题未能协商一致，最终没能调解结案。

（五）法院判决止纷争

一审法院判决：李大妈于判决生效后10日内偿还王大爷借款本金10万元；驳回王大爷的其他诉讼请求。李大妈不服，在法定期限内提出上诉。二审法院判决驳回上诉，维持原判。

是非曲直

（一）夫妻双方对夫妻共同债务都负有偿还义务

根据《民法典》第一千零六十四条第一款的规定，夫妻双方共同签名或者夫妻一方事后追认等共同意思表示所负的债务，以及夫妻一方在婚姻关系存续期间以个人名义为家庭日常生活需要所负的债务，属于夫妻共同债务。本案中，李大妈在《借条》"保证人"处签字，可以认定李大妈知晓该笔借款，该笔借款为张大爷与李大妈共同意思表示所负的债务，属于夫妻共同债务。

（二）民间借贷借款本金应以实际出借金额为准

根据《民法典》第六百七十条、《最高人民法院关于审理民间借贷案件适用法律若干问题的规定》第二十六条的规定，预先在本金中扣除利息的，人民法院应当将实际出借的金额认定为本金。本案中,《借条》载明的借款金额与实际出借金额不一致,应当以王大爷向张大爷实际出借的金额为准认定借款本金。

(三) 保证期间届满,保证人保证责任灭失

《民法典》第六百九十二条第二款规定:"债权人与保证人可以约定保证期间,但是约定的保证期间早于主债务履行期限或者与主债务履行期限同时届满的,视为没有约定;没有约定或者约定不明确的,保证期间为主债务履行期限届满之日起六个月。"第六百九十三条第二款规定:"连带责任保证的债权人未在保证期间请求保证人承担保证责任的,保证人不再承担保证责任。"本案中,四人并未就齐大爷承担连带保证责任的保证期间进行约定,则保证期间应为借款合同履行期限届满后的6个月,即2021年10月1日至2022年4月1日。王大爷并未在2022年4月1日前要求齐大爷承担连带保证责任,保证期间已过,齐大爷不再需要对借款承担责任。

法官提示

(一) 子女应尊重父母对个人财产进行处分的自由

《老年人权益保障法》第二十二条第一款规定:"老年人对个人的财产,依法享有占有、使用、收益和处分的权利,子

女或者其他亲属不得干涉，不得以窃取、骗取、强行索取等方式侵犯老年人的财产权益。"父母将钱借给他人是父母的权利与自由，子女应予以尊重，作为子女，最应该做的是向父母普及法律知识，晓明利害关系，避免父母因疏忽大意、法律知识欠缺而吃亏上当。

（二）民间借贷出具借款要保留痕迹

《民法典》第六百七十九条规定："自然人之间的借款合同，自贷款人提供借款时成立。"自然人之间的民间借贷合同是实践性合同，借款的交付对于认定民间借贷关系成立生效十分重要。现金交付难以保留痕迹，尤其是巨额现金仅凭借条难以认定实际交付，最好通过银行、微信、支付宝转账等方式交付借款。鉴于老年人不善于进行电子操作，如因特殊情况只能现金交付的，要注意保留好现金来源证据或者邀请见证人在场，同时要求借款人出具收条。

（三）民间借贷约定利息要符合法律保护标准

《最高人民法院关于审理民间借贷案件适用法律若干问题的规定》第二十五条规定："出借人请求借款人按照合同约定利率支付利息的，人民法院应予支持，但是双方约定的利率超过合同成立时一年期贷款市场报价利率四倍的除外。前款所称'一年期贷款市场报价利率'，是指中国人民银行授权全国银行间同业拆借中心自2019年8月20日起每月发布的一年期贷款市场报价利率。"因此，如为有息借款，对利息计算标准应在借款合同中予以载明,并且约定的利息要以全国银行间同业拆借中心发布的一年期贷款市场报价利率4倍为限。

法律链接

《中华人民共和国民法典》

第六百七十条 借款的利息不得预先在本金中扣除。利息预先在本金中扣除的,应当按照实际借款数额返还借款并计算利息。

第六百七十九条 自然人之间的借款合同,自贷款人提供借款时成立。

第六百九十二条第二款 债权人与保证人可以约定保证期间,但是约定的保证期间早于主债务履行期限或者与主债务履行期限同时届满的,视为没有约定;没有约定或者约定不明确的,保证期间为主债务履行期限届满之日起六个月。

第六百九十三条第二款 连带责任保证的债权人未在保证期间请求保证人承担保证责任的,保证人不再承担保证责任。

第一千零六十四条第一款 夫妻双方共同签名或者夫妻一方事后追认等共同意思表示所负的债务,以及夫妻一方在婚姻关系存续期间以个人名义为家庭日常生活需要所负的债务,属于夫妻共同债务。

《中华人民共和国老年人权益保障法》

第二十二条第一款 老年人对个人的财产,依法享有占有、使用、收益和处分的权利，子女或者其他亲属不得干涉，不得以窃取、骗取、强行索取等方式侵犯老年人的财产权益。

《最高人民法院关于审理民间借贷案件适用法律若干问题的规定》

第二十五条　出借人请求借款人按照合同约定利率支付利息的，人民法院应予支持，但是双方约定的利率超过合同成立时一年期贷款市场报价利率四倍的除外。

前款所称"一年期贷款市场报价利率"，是指中国人民银行授权全国银行间同业拆借中心自2019年8月20日起每月发布的一年期贷款市场报价利率。

第二十六条　借据、收据、欠条等债权凭证载明的借款金额，一般认定为本金。预先在本金中扣除利息的，人民法院应当将实际出借的金额认定为本金。

案例五

排除消费者合法权利的格式条款无效

——以典型的预付式消费为切入点

袁 明[①]

近年来,作为一种新型消费模式,预付式消费给消费者带来了一定的便利和优惠,也给小微企业提供了一种融资渠道。预付卡,是指经营者以预收资金方式面向消费者发行的,供消费者按照约定仅在经营者及其合作范围内,可以分次兑付商品或者服务的实体凭证或者虚拟凭证。现如今,预付卡在生活中随处可见,如水果店、饭店、理发店、理疗推拿店、美容美发店、健身房、游泳馆、洗车摊、各种培训班等。预付卡的充值优惠活动和消费规则可谓五花八门,让广大消费者尤其是老年消费者眼花缭乱。而实际上,这些看似既划算又方便的预付卡存在很多风险,稍不注意就会陷入退费难、维权难的消费陷阱中难以脱身,既损失了钱财又浪费了时间,还惹了一肚子气。近年来,

---

[①] 袁明,北京市延庆区人民法院审判管理办公室(研究室)法官助理。

法院受理的涉及预付卡类型的服务合同纠纷也越来越多。

前因后果

(一) 头脑发热充值办卡

家住北京的李大妈，年轻的时候丈夫就因病去世了，她没有再婚，独自将唯一的儿子抚养长大。为了给儿子提供良好的学习和生活环境，李大妈付出了很多。儿子也没有辜负李大妈的一番苦心，考入了重点大学，今年即将毕业，最近正在找工作。由于多年的辛苦劳累，加之年龄的增长，李大妈感觉身体越来越差，尤其是腰总是感觉疼痛，顺带着腿也麻。儿子心疼她，带她去医院检查，医生说李大妈患有腰椎间盘突出，平时要注意不要太劳累，不能久坐不动。

一天，李大妈听邻居说小区附近新开了一家推拿店，专门给腰腿疼的患者进行按摩推拿，自己就去按摩了几次，症状有了明显改善。李大妈抱着试一试的心态去推拿店咨询，店里的老板对李大妈特别热情，告诉她腰椎间盘突出推拿一次100元，时间是20分钟。李大妈听后觉得有些贵，就准备离开。老板一看立马又说，店里推出了办卡优惠活动，到今天截止，办一张卡预存5000元，就能享受8折优惠，即每次推拿从卡内扣除80元，卡内余额用完了可以随时再存入。同时，为了答谢办卡的60岁以上的老年消费者，店里再赠送10斤鸡蛋。

李大妈一听觉得很划算，当即决定办一张卡，预存了5000元钱。李大妈没仔细看，就在老板拿出的服务合同上签上了自己的名字，拿着老板赠送的10斤鸡蛋心满意足地回家了。

（二）因事生变退卡被拒

当天晚上，李大妈的儿子兴高采烈地回到家里，向她宣布了一个好消息。原来，儿子被一家知名公司录用了。儿子有出息了，李大妈十分高兴。但是根据公司的规定，新录用的员工需要先到外地的分公司工作3年，3年后根据公司的需要和员工个人的选择，再决定是否调回总公司工作。儿子去外地工作，自己肯定得跟着去，一来可以照顾儿子的饮食起居，二来自己有个头疼脑热的也需要儿子照顾。思来想去，李大妈决定找推拿店的老板把预付卡退了，因为自己去外地居住后不可能往返几百千米做推拿啊，那还不够路费呢。第二天，李大妈就去昨天办卡的推拿店向老板提出了退卡的要求。老板一听脸色立马就变了，再也不似办卡时那样热情了。老板不同意给李大妈办理退卡手续，还拿出昨天李大妈签署的合同让她看，合同里面写得明明白白，"本卡一经售出，概不退换""一切事宜最终解释权归本店所有"。李大妈顿时就傻眼了。

（三）商家老人各有诉求

李大妈此后又多次去推拿店找老板协商退卡事宜，但都因为双方分歧较大而不欢而散。无奈之下，李大妈将商家起诉到法院，以自己搬家以后无法到推拿店消费为由，要求解除与商家签订的推拿服务合同,商家退还自己预付卡费用5000元。商家则拿出书面合同说事,不同意给李大妈退卡,并说搬家导致无法消费是李大妈自己的事,与商家无关,都跟李大妈似的,以后店里的生意怎么做?双方各执一词,谁都不肯让步。

(四)法院判决定分止争

法院经审理后作出判决:商家5日内一次性退回李大妈预收款5000元,同时李大妈需要返还商家10斤鸡蛋的折价款50元。宣判后,双方当事人均未提出上诉。在法院限定的时间内,商家扣除鸡蛋折价款后返还给李大妈4950元。

是非曲直

(一)预付卡消费"冷静期"有法可依

根据《民法典》的相关规定,合同解除权包括法定解除权和约定解除权两种类型,法定解除权包括五种情况,出现该五种情况之一的,当事人可以解除合同,其中就包括法律规定的其他情形。

根据《北京市单用途预付卡管理条例》的相关规定,消费者自购买预付卡之日起7日内未兑付商品或者服务的,有权要求经营者退卡。

也就是说,李大妈作为合同的一方当事人有依法单方解除合同的权利。李大妈付款办理预付卡后,有7日的"冷静期",如果7日内反悔,可以要求商家无理由退卡。

(二) 排除对方主要权利的格式条款无效

本案中,推拿店和李大妈签订的是典型的格式合同,合同内的条款也属于典型的格式条款。格式条款,就是当事人为了重复使用而预先拟定,并在订立合同时未与对方协商的条款。商家合同中关于"本卡一经售出,概不退换""一切事宜最终解释权归本店所有"的格式条款,明显排除了李大妈的主要权利(退卡),属于无效条款。

(三) 合同解除后,当事人有权根据履行情况和合同性质请求对方赔偿损失

根据《民法典》和《北京市单用途预付卡管理条例》的相关规定,合同解除后,消费者因购买预付卡获得的赠品或者赠送的服务,应当退回或者支付合理的价款。也就是说,李大妈和推拿店依法解除合同后,李大妈需要退还赠送的10斤鸡蛋或者等价的钱款。

法官提示

(一) 面对预付卡的所谓"便宜",消费者切莫冲动

消费者,特别是老年消费者,一定要防范风险,增强自我保护意识和维权意识,切莫为了贪图一时一点的便宜而冲动消费,最好和子女沟通商量后再做决定,做到三思而后行。现在很多商家往往抓住老年消费者爱贪图小便宜的心态,设置五花八门的优惠政策,通过刷卡打折、赠送小礼品或者服务、免费试用(吃)等多种花样翻新的手法诱导老年人办理预付卡并进行大额充值。然而,预付费服务合同本身具有一定的风险,如"先交钱后消费""办卡容易退卡难""办卡之前各种承诺,办卡之后各种推脱",服务缩水、商家卷款跑路、店铺转让(换址)、商家停业等。事后维权不如事前防范,建议老年朋友们要树立科学、理性、绿色、健康、勤俭节约的消费理念和避免盲从、攀比、情绪化的消费心态,尽可能不要采用预付式消费。如果确有需要,一定要谨慎选择,理性消费,应当注意考察对方履行合同的能力和诚信经营情况,同时不要一次性存入大额现金。

(二) 商家要依法诚信经营

销售预付卡的商家一定要遵纪守法,诚信经营,明码标价，直截了当，让消费者明明白白消费，不给消费者"挖坑"。对消费者尤其是老年消费者要进行相关风险提示和善意提醒，不能为了业绩一味促销，诱导消费者非理性消费。同时，不得设置不公平、不合理的交易条件以及如"一经售出，概不退换""最终解释权归本店所有"等不合理地免除或者减轻自身责任、加重对方责任、限制对方主要权利的格式条款。

（三）老年人要学法懂法、遇事找法、解决问题用法

《北京市单用途预付卡管理条例》已由北京市第十五届人民代表大会常务委员会第三十五次会议于 2021 年 11 月 26 日通过，自 2022 年 6 月 1 日起施行。可能很多消费者尤其是老年消费者还没有听说过这个地方性法规。所以，建议老年朋友们积极关注全国人民代表大会、国务院、各部委、地方人民代表大会出台的各种法律、行政法规、部门规章、地方性法规，丰富自身的法律知识储备，学法懂法，才能在关键时候保护好自身的合法权益。同时，要增强法律意识，一旦出现问题，应当保留好各种证据，通过正当法律途径解决。

法律链接

《中华人民共和国民法典》

第四百九十六条　格式条款是当事人为了重复使用而预先拟定，并在订立合同时未与对方协商的条款。

采用格式条款订立合同的，提供格式条款的一方应当遵循公平原则确定当事人之间的权利和义务，并采取合理的方式提示对方注意免除或者减轻其责任等与对方有重大利害关系的条款，按照对方的要求，对该条款予以说明。提供格式条款的一方未履行提示或者说明义务，致使对方没有注意或者理解与其有重大利害关系的条款的，对方可以主张该条款不成为合同的内容。

第四百九十七条 有下列情形之一的，该格式条款无效：

（一）具有本法第一编第六章第三节和本法第五百零六条规定的无效情形；

（二）提供格式条款一方不合理地免除或者减轻其责任、加重对方责任、限制对方主要权利；

（三）提供格式条款一方排除对方主要权利。

第五百六十三条 有下列情形之一的，当事人可以解除合同：

（一）因不可抗力致使不能实现合同目的；

（二）在履行期限届满前，当事人一方明确表示或者以自己的行为表明不履行主要债务；

（三）当事人一方迟延履行主要债务，经催告后在合理期限内仍未履行；

（四）当事人一方迟延履行债务或者有其他违约行为致使不能实现合同目的；

（五）法律规定的其他情形。

以持续履行的债务为内容的不定期合同，当事人可以随时解除合同，但是应当在合理期限之前通知对方。

第五百六十六条第一款 合同解除后，尚未履行的，终止履行；已经履行的，根据履行情况和合同性质，当事人可以请求恢复原状或者采取其他补救措施，并有权请求赔偿损失。

《北京市单用途预付卡管理条例》

第十六条 消费者自购买预付卡之日起七日内未兑付商品或者服务的，有权要求经营者退卡，经营者应当自消费者要求退卡之日起五日内一次性全额退回预收款；消费者因购买预付卡获得的赠品或者赠送的服务，应当退回或者支付合理的价款。

小　结

　　人口老龄化是当前社会发展的重要趋势,对经济社会发展产生了诸多影响。近年来,人民法院积极延伸审判职能,不断发挥法院在涉老案件中价值引导方面的作用,大力弘扬"爱老敬老"的传统美德,弘扬法治、诚信的社会主义核心价值观,积极探索涉老民事审判与老年维权工作的新途径、新方法,依法保障老年群体享受美好生活的向往,通过生动的司法实践,树立正确的价值导向,为社会提供正确的行为指引。期望通过社会各界的共同努力,为广大老年人营造一个安享幸福晚年的良好社会环境。

婚姻家庭编

引 言

古人云"夫孝,德之本也"。尊老敬老是中华民族的传统美德,亲情的纽带如同顽强的藤蔓生生不息,建设具有民族特色、时代特征的孝亲敬老中华传统文化,让老年人"老有所养、老有所依、老有所乐"是全社会的共同责任,孝敬老年人被写入法律,成为我国社会主义法律体系调整婚姻家庭关系的重要内容,在《民法典》《老年人权益保障法》等法律法规中,都涉及老年人婚姻家庭权益的各类规定。婚姻家事案件一直在涉老纠纷中占比较高,老年人诉讼能力较弱,涉老婚姻家事案件审理在事实查明方面也具有一定隐秘性。本编通过对老年人赡养、继承、监护、婚姻、同居等法律关系中的常见问题进行归纳总结,希望帮助老年人更好地了解婚姻家庭方面的法律知识。

案例一

遗嘱效力优先于法定继承

——尊重并履行父母遗嘱是子女应尽的义务

王乐菲[①]

遗嘱作为承载家庭成员意愿的重要制度,是对老年人自由处置其财产权利的保护,也与家庭成员间的继承纠纷有着密切的关系。老年人往往通过订立遗嘱来表达自己的遗产处置意愿、进行遗产分配,以减少未来可能产生的继承纠纷,维护稳定的家庭关系。当前,遗嘱的呈现方式多样化,存在公证遗嘱、自书遗嘱、共同遗嘱、口头遗嘱、打印遗嘱、录音遗嘱等形式,只要符合法定条件,就是合法有效的遗嘱,继承人就应尊重并履行遗嘱内容。

---

① 王乐菲,北京市延庆区人民法院永宁人民法庭法官助理。

前因后果

(一) 父亲生前立遗嘱

田大爷与李大妈是夫妻,育有田甲、田乙二子,并领养了田丙。丁丽是田甲的妻子。田大爷与李大妈曾在公证处申请办理公证遗嘱,公证遗嘱内容记载:"该房屋是我与妻子李大妈共有的财产,在我去世后,将上述房产中分割时属于我的份额留给儿子田甲与其妻子丁丽共同所有……立遗嘱人田大爷。"几年后,田大爷去世。

(二) 公证遗嘱遭质疑

田大爷去世后,田甲和丁丽起诉李大妈、田乙、田丙,要求继承涉案房屋。田甲和丁丽表示,田大爷生前留有遗嘱,明确涉案房屋留给二人,为证明其主张,向法院提交了公证遗嘱作为证据。李大妈对田甲和丁丽提交的证据真实性予以认可,但田乙、田丙不认可公证遗嘱真实性,并申请法院调取公证遗嘱原件,认为应当法定继承房产。

(三) 事实查清解矛盾

庭审中,法院当庭向各方拆封公证处提供的申请人为田大爷与李大妈的卷宗。该卷宗中所记载的田大爷遗嘱内容与田甲和丁丽提交的遗嘱内容一致。同时，该卷宗中公证处询问笔录记载公证员询问田大爷处分财产来源，田大爷表示："我们买的这套房子，是我们付的首付，其他钱都是儿子和儿媳出的。这套房子虽然登记了我的名字，但购房款是田甲和丁丽夫妻二人出的，所以我们要留给他们。"

诉讼中，各方均确认涉案房屋属于田大爷与李大妈的夫妻共同财产。李大妈表示涉案房屋中属于自己的份额，自愿赠与田甲和丁丽。丁丽和田甲均表示同意在涉案房屋上为李大妈设立居住权，确保李大妈"老有所居"。

（四）法院判决化纠纷

法院经审理认为，田大爷与李大妈的公证遗嘱符合法定形式，意思表示真实，合法有效。同时，李大妈自愿将其所享有的房屋份额赠与田甲和丁丽，系李大妈的真实意思表示。故涉案房屋全部份额归田甲和丁丽所有。

田甲和丁丽愿意为李大妈在涉案房屋上设立居住权，确保其"老有所居"。设立居住权，当事人应当采用书面形式订立居住权合同。本案中，各方同意在涉案房屋上为李大妈设立居住权，但诉讼中田甲和丁丽未将此作为一项诉请提出，经释明后仍未提出，故法院认为各方可依据法律规定另行订立居住权合同，并依法进行登记。

最终法院判决涉案房屋由田甲和丁丽共同继承所有。一审判决作出后，各方均未上诉，判决已生效。

是非曲直

(一) 遗嘱效力优先于法定继承

《民法典》第一千一百二十三条规定:"继承开始后,按照法定继承办理;有遗嘱的,按照遗嘱继承或者遗赠办理;有遗赠扶养协议的,按照协议办理。"由此可知,继承方式的优先顺位是遗嘱、遗赠扶养协议优先于法定继承。本案中,田大爷在去世前就已经与妻子李大妈设立遗嘱并在公证处进行公证,根据遗嘱继承的效力优先于法定继承的原则,本案应按照田大爷生前立下的遗嘱内容,对其名下的房产进行分配。按照田大爷的遗嘱内容,涉案房屋应归其儿子田甲和儿媳丁丽共同所有。相反,如果田大爷与李大妈未立遗嘱或者遗嘱存在法定的无效情形,则应按法定继承解决纠纷。遗嘱无效的情形包括无民事行为能力人或者限制民事行为能力人所立的遗嘱,受欺诈、胁迫立的遗嘱,伪造的遗嘱,以及被篡改内容的遗嘱。

(二) 公证遗嘱内容的真实性无须进行举证

《民事诉讼法》第七十二条规定:"经过法定程序公证证明的法律事实和文书,人民法院应当作为认定事实的根据,但有相反证据足以推翻公证证明的除外。"《最高人民法院关于民事诉讼证据的若干规定》第十条也规定"已为有效公证文书所证明的事实",当事人无须举证证明。《公证法》第六条明确:"公证机构是依法设立,不以营利为目的,依法独立行使公证职能、承担民事责任的证明机构。"由于公证处为国家机关,且公证文书签发前有法定的审查手续,经过公证的文件,一般具有很强的公信力,因此,公证文书可直接作为事实认定的依据。如果遗嘱经过了公证,可确保遗嘱的真实有效性,则具有很高的法律效力,其他的遗嘱形式都不能撤销公证遗嘱,如果要撤销或者变更遗嘱,必须经过再次公证。

本案中,就田大爷的公证遗嘱,当事人田甲和丁丽向法院提供的证据具有很强的公信力,法院可直接以此作为事实认定的依据,除非有相反的证据足以推翻这份公证遗嘱,因此提供公证遗嘱的田甲和丁丽无须对公证遗嘱的真实性进行举证。公证遗嘱为立遗嘱人提供了有力的法律保障,保障立遗嘱人在生前可以按照自己的意愿与想法处分自己的财产权益,同时又避免了立遗嘱人近亲属之间的继承纠纷。

(三) 居住权的设立需满足法定条件

居住权是对他人房屋占有、使用的用益物权,用于满足生活居住的需要。居住权的设立可以保障居住权人稳定地享有房屋的使用权,即使房屋被抵押、售卖、继承,其他权利人如买房人、继承人等都不能要求居住权人搬离房屋,要尊重居住权人在先居住的需要,使居住权人能够安心地住在房屋内,直至居住期限届满或者居住权人死亡。

但是居住权的设立有着严格的规定,《民法典》第三百六十七条规定:"设立居住权,当事人应当采用书面形式订立居住权合同。居住权合同一般包括下列条款:(一)当事人的姓名或者名称和住所;(二)住宅的位置;(三)居住的条件和要求;(四)居住权期限;(五)解决争议的方法。"

本案中,虽然各方儿女均同意为母亲李大妈在涉案房屋上设立居住权,但仅仅是口头约定,未实际订立书面合同,且在法院审理过程中没有作为一项诉请提出,因此法院依据"不告不理"原则,未对居住权的设立问题进行处理。田甲和李大妈可根据设立居住权的法定条件,通过签订居住权书面合同的方式为母亲在涉案房屋上设立居住权,保障李大妈的居住权益。

法官提示

(一)遗嘱形式多样化但须满足法定条件才属合法有效

当前,我国遗嘱类型多样,包括自书遗嘱、代书遗嘱、打印遗嘱、录音录像遗嘱、口头遗嘱、公证遗嘱。《民法典》继承编对各遗嘱类型所需满足的法定条件有着较为详细的规定,对于遗嘱见证人的人数、签字、日期等方面均有形式要求,不同的遗嘱类型需要满足的法定条件也有所不同。因此,老年人在设立遗嘱时,或者在协助老年人设立遗嘱时,应提前了解《民法典》对不同遗嘱类型的形式要求,避免所立遗嘱因存在瑕疵或者无效引发继承纠纷,不利于家庭稳定和谐。

(二) 子女应尊重父母遗嘱并履行遗嘱内容

我国法律明确规定,自然人可以立遗嘱处分个人财产,老年人对自己的个人财产,依法享有占有、使用、收益和处分的权利,子女或者其他亲属不得干涉。《老年人权益保障法》第二章对老年人的家庭赡养与扶养有着详细的规定,子女应尊重老年人遗嘱,不应干涉老年人的财产权益,不得以窃取、骗取、强行索取等方式侵犯老年人的财产权益。老年人订立遗嘱是其本人对自己财产的分配,体现了自己的意愿,通俗来说,老年人愿意如何分配财产就如何分配,愿意给儿女多分还是少分都是自己的自由,身为儿女应充分尊重父母的遗嘱意愿,不能多加干涉。

(三) 让父母"老有所居"是子女应尽的赡养义务

《老年人权益保障法》规定,老年人养老以居家为基础,家庭成员应尊重、关心和照料老年人。赡养人应当妥善安排老年人的住房,不得强迫老年人居住或者迁居条件低劣的房屋。能够"老有所居、老有所养、老有所依"是每一个老年人的夙愿,身为子女不仅要关心父母的精神需求,不能忽视、冷落父母,还要让父母"老有所居",这是老年人安享晚年的重要物质基础,也是子女赡养父母应尽的义务之一。

(四) 儿女为父母设立居住权需符合法律规定的形式要件

设立居住权,需要满足签订书面合同这一形式要件,且应当向登记机构申请居住权登记，居住权自登记时设立。即各方当事人通过书面协议或者遗嘱方式设立居住权之后，相关人员需要到登记机关进行居住权登记，登记后居住权才生效，对各方才具有法律约束力，未登记不生效。在实践中，如果子女要为父母在房屋上设立居住权，在签订书面的居住权合同之后，要及时去往登记机关办理登记，这样才能产生对抗其他权利人的效果，能够更好地保障老年人"老有所居"。

法律链接

《中华人民共和国民法典》

第三百六十六条 居住权人有权按照合同约定，对他人的住宅享有占有、使用的用益物权，以满足生活居住的需要。

第三百六十七条第一款 设立居住权，当事人应当采用书面形式订立居住权合同。

第三百六十八条 居住权无偿设立，但是当事人另有约定的除外。设立居住权的，应当向登记机构申请居住权登记。居住权自登记时设立。

第三百六十九条 居住权不得转让、继承。设立居住权的住宅不得出租，但是当事人另有约定的除外。

第三百七十条 居住权期限届满或者居住权人死亡的，居住权消灭。居住权消灭的，应当及时办理注销登记。

第一千一百二十三条　继承开始后，按照法定继承办理；有遗嘱的，按照遗嘱继承或者遗赠办理；有遗赠扶养协议的，按照协议办理。

第一千一百三十三条第一款　自然人可以依照本法规定立遗嘱处分个人财产，并可以指定遗嘱执行人。

第二款　自然人可以立遗嘱将个人财产指定由法定继承人中的一人或者数人继承。

第一千一百三十四条　自书遗嘱由遗嘱人亲笔书写，签名，注明年、月、日。

第一千一百三十五条　代书遗嘱应当有两个以上见证人在场见证，由其中一人代书，并由遗嘱人、代书人和其他见证人签名，注明年、月、日。

第一千一百三十六条　打印遗嘱应当有两个以上见证人在场见证。遗嘱人和见证人应当在遗嘱每一页签名，注明年、月、日。

第一千一百三十七条　以录音录像形式立的遗嘱，应当有两个以上见证人在场见证。遗嘱人和见证人应当在录音录像中记录其姓名或者肖像，以及年、月、日。

第一千一百三十八条　遗嘱人在危急情况下，可以立口头遗嘱。口头遗嘱应当有两个以上见证人在场见证。危急情况消除后，遗嘱人能够以书面或者录音录像形式立遗嘱的，所立的口头遗嘱无效。

第一千一百三十九条　公证遗嘱由遗嘱人经公证机构办理。

第一千一百四十三条 无民事行为能力人或者限制民事行为能力人所立的遗嘱无效。

遗嘱必须表示遗嘱人的真实意思，受欺诈、胁迫所立的遗嘱无效。

伪造的遗嘱无效。

遗嘱被篡改的，篡改的内容无效。

《中华人民共和国老年人权益保障法》

第十三条 老年人养老以居家为基础，家庭成员应当尊重、关心和照料老年人。

第十六条 赡养人应当妥善安排老年人的住房，不得强迫老年人居住或者迁居条件低劣的房屋。

老年人自有的或者承租的住房，子女或者其他亲属不得侵占，不得擅自改变产权关系或者租赁关系。

老年人自有的住房，赡养人有维修的义务。

第二十二条第一款 老年人对个人的财产，依法享有占有、使用、收益和处分的权利，子女或者其他亲属不得干涉，不得以窃取、骗取、强行索取等方式侵犯老年人的财产权益。

《中华人民共和国公证法》

第六条 公证机构是依法设立，不以营利为目的，依法独立行使公证职能、承担民事责任的证明机构。

第三十六条 经公证的民事法律行为、有法律意义的事实和文书，应当作为认定事实的根据，但有相反证据足以推翻该项公证的除外。

案例二

赡养父母是子女的法定义务

——成年子女不得以放弃继承权或者其他理由拒绝履行对父母的赡养义务

谭志华[①]

"百善孝为先",敬老、养老、助老是中华民族的传统美德,赡养父母是成年子女的法定义务,不应附加任何条件。成年子女不履行赡养义务的,无劳动能力或者生活困难的父母有要求成年子女给付赡养费等权利,父母对个人财产享有充分的自主分配权,子女无权干涉,成年子女也不能以放弃继承权或者其他理由拒绝履行对父母的赡养义务。

---

① 谭志华,北京市延庆区人民法院审判管理办公室(研究室)审判管理组组长。

前因后果

(一) 母亲生病起纷争

郭大妈早年与丧偶的龚大爷结婚,龚大爷与亡妻育有一女龚丽丽,郭大妈与龚大爷结婚时,龚丽丽只有4岁。婚后郭大妈与龚大爷共育有三女一子,分别为龚骄骄、龚乔乔、龚雪雪、龚麒麟。龚大爷去世后,留下郭大妈独自生活,但随着年龄的增长,郭大妈的身体也每况愈下,苦苦支撑了一年后,已经完全无法独自生活,到了需要陪护的境地,但五子女均忙于工作与家庭事务,对郭大妈疏于关心与照顾,在郭大妈住院期间,五子女均未前去看望郭大妈,对郭大妈的病情不管不顾。郭大妈要求五子女轮流照顾,并且给付医药费,五子女以工作与家庭事务繁忙、经济拮据为由拒绝。

万般无奈之下,郭大妈向法院起诉请求法院判令龚丽丽、龚骄骄、龚乔乔、龚雪雪、龚麒麟每人每月向自己支付赡养费1500元,诉讼费用由五子女均摊。

(二) 四女各自有理由

龚丽丽、龚骄骄、龚乔乔、龚雪雪均辩称:"一是龚丽丽、龚骄骄、龚乔乔、龚雪雪四人在过去的十多年时间里尽心照料郭大妈与龚大爷的生活,但郭大妈与龚大爷在分配家中房产时厚此薄彼，将位于市中心的祖宅全部赠与儿子龚麒麟，龚麒麟继承了价值高昂的祖宅，应当承担主要赡养义务；二是郭大妈与龚大爷退休后身体健康时，主要精力都在给儿子龚麒麟照看小孩，未曾给龚丽丽、龚骄骄、龚乔乔、龚雪雪照看过小孩，因此，龚麒麟应当承担全部赡养义务。"

此外，龚丽丽还辩称："自己并非郭大妈亲生，郭大妈从小对自己疏于关心和照顾，因此对郭大妈不负有赡养义务。"龚骄骄辩称："由于家庭经济拮据，无力抚养五个小孩，自己4岁便被送到农村的姥姥姥爷家，由姥姥姥爷抚养至16岁初中毕业后才被接回父母身边，回到父母身边后不到1个月，自己便去工厂工作赚钱养家，父母对自己未尽到相应的抚养义务，因此不应承担对郭大妈的赡养义务。"龚乔乔辩称："在自己上学期间，郭大妈与龚大爷对弟妹的教育付出的精力、花费的费用更多，而对自己在生活费和教育费上比较吝啬，并且不允许自己上收费较高的学校，导致自己后来没找到好工作，因此龚雪雪、龚麒麟相比自己要承担更多的赡养义务。"

（三）法院判决解纷争

法院经审理后查明，郭大妈经医院诊断患有糖尿病、高血压、冠状动脉粥状硬化心脏病等多种疾病，诉前，郭大妈请家政公司保姆照顾生活起居，每月支付家政服务费6000元。

法院经审理后判决：龚丽丽、龚骄骄、龚乔乔、龚雪雪、龚麒麟每人每月支付郭大妈赡养费1500元，至判决生效之月起每月15日前支付。

一审判决作出后,当事人均未提出上诉,一审判决已生效。

▷ 是非曲直

(一) 子女不得以未分得父母财产为由拒绝履行赡养义务

读者朋友可能会觉得:郭大妈和其过世的丈夫龚大爷把价值高昂的房产全部赠与儿子龚麒麟,而尽心尽力照顾二老的四个女儿在家产分割方面一分未得,法院却判决五子女均等承担郭大妈的赡养费,是否有失公平?

《民法典》第二十六条第二款规定:"成年子女对父母负有赡养、扶助和保护的义务。"第一千零六十七条第二款规定:"成年子女不履行赡养义务的,缺乏劳动能力或者生活困难的父母,有要求成年子女给付赡养费的权利。"《老年人权益保障法》第十九条规定:"赡养人不得以放弃继承权或者其他理由,拒绝履行赡养义务。赡养人不履行赡养义务,老年人有要求赡养人付给赡养费等权利。赡养人不得要求老年人承担力不能及的劳动。"第二十二条第一款规定:"老年人对个人的财产,依法享有占有、使用、收益和处分的权利,子女或者其他亲属不得干涉,不得以窃取、骗取、强行索取等方式侵犯老年人的财产权益。"赡养父母是成年子女的法定义务,不允许拒绝,也不允许附加条件,更不涉及财产分割问题,父母对个人财产享有充分的自主分配权，不论是出售还是赠与，子女都无权干涉。因此，本案中郭大妈与龚大爷协商一致将价值高昂的房产赠与儿子龚麒麟，是合法处置夫妻共同财产的行为，该财产处置行为受法律保护，子女无权干涉，即便龚丽丽、龚骄骄、龚乔乔、龚雪雪觉得郭大妈与龚大爷在分配财产时处置不公，也不能因为未分得财产而拒绝履行赡养郭大妈的义务。

(二) 子女不得以父母未帮忙照看孩子为由拒绝履行赡养义务

关于龚丽丽、龚骄骄、龚乔乔、龚雪雪的第二项诉求，《老年人权益保障法》第十九条第一款规定："赡养人不得以放弃继承权或者其他理由，拒绝履行赡养义务。"因此，龚丽丽、龚骄骄、龚乔乔、龚雪雪亦不能以父母未为其照顾孩子为由拒绝履行对郭大妈的赡养义务。

(三) 继子女不得以非亲生为由拒绝履行赡养义务

对于龚丽丽认为其非郭大妈亲生，对郭大妈不负有赡养义务的主张，法院经审理后认为，郭大妈与龚大爷结婚时，龚丽丽只有4岁，龚丽丽与郭大妈、龚大爷共同生活至成年，受郭大妈抚养、教育，双方之间形成了稳定的抚养教育关系。因此，龚丽丽与郭大妈形成继母与继子女关系，《民法典》第一千零七十二条第二款规定："继父或者继母和受其抚养教育的继子女间的权利义务关系，适用本法关于父母子女关系的规定。"因此，龚丽丽同其他亲生子女一样对郭大妈负有赡养义务。

(四)子女不得以父母在其年幼时未尽抚养义务为由拒绝履行赡养义务

关于龚骄骄认为在其成长过程中,郭大妈与龚大爷未尽充分抚养义务,因而拒绝履行其对郭大妈的赡养义务的主张,法院认为,对于一般民事法律行为,权利和义务往往相对应,但根据前文所述法律规定,子女对父母的赡养,并不以父母履行了对子女的抚养义务为前提,父母是否尽到抚养未成年子女的义务与子女成年后是否赡养年迈的父母是相互独立的,即使父母因为经济困难或其他原因,未对未成年子女尽到充分的教育、照顾等抚养义务,在父母具备需要子女赡养的条件时,根据《民法典》第二十六条第二款"成年子女对父母负有赡养、扶助和保护的义务"及第一千零六十七条第二款"成年子女不履行赡养义务的,缺乏劳动能力或者生活困难的父母,有要求成年子女给付赡养费的权利"的规定,龚骄骄不能拒绝赡养郭大妈。

(五)子女不得以其他理由拒绝履行赡养义务

关于龚乔乔认为郭大妈与龚大爷对弟妹的教育付出的精力、花费的费用更多,而对自己在生活费和教育费上比较吝啬,要求少承担对郭大妈的赡养义务的主张,《老年人权益保障法》第十九条规定:"赡养人不得以放弃继承权或者其他理由,拒绝履行赡养义务。赡养人不履行赡养义务,老年人有要求赡养人付给赡养费等权利……"赡养父母是法定义务,根据上述规定,龚乔乔不能以郭大妈在自己未成年时为自己付出过少等理由拒绝履行赡养义务。

龚雪雪与龚麒麟未提出抗辩意见,二人均系郭大妈的成年子女,根据上述法律规定,二人也需履行对郭大妈的赡养义务。

经审查,龚丽丽、龚骄骄、龚乔乔、龚雪雪、龚麒麟均有收入来源,不存在生活困难等情况,均具备赡养郭大妈的能力。综上,五子女均需履行对郭大妈的赡养义务。

法官提示

(一)继子女什么情况下无须对父母履行赡养义务?

子女对父母的赡养义务是法定义务,成年子女不得以放弃继承权、未分得父母财产、父母没有为其照看子女、父母未尽到充分抚养义务或者其他理由拒绝履行对父母的赡养义务。形成稳定继父母与继子女关系的,成年继子女对父母的赡养义务与亲生子女对父母的赡养义务相同。是否形成稳定的继父母与继子女关系,需要综合继父母与未成年继子女共同生活的时间长短及继父母是否对未成年继子女尽到教育、照顾等抚养义务判断。对于继父母结婚时已是成年的继子女,继父母已无须履行相应的抚养义务,因此,这种情况下继子女对继父母无须尽赡养义务。

(二) 儿媳对公婆是否负有赡养义务？

根据《民法典》规定，赡养老年人的主体为老年人的成年子女，儿媳对公婆无法定赡养义务，但《老年人权益保障法》第十四条第三款规定，"赡养人的配偶应当协助赡养人履行赡养义务"，因此儿媳对公婆虽然没有法定的赡养义务，但是有基于婚姻关系产生的协助赡养义务，同样，女婿对岳父岳母也负有协助赡养义务。

(三) 已被他人收养的子女成年后是否需要赡养亲生父母？

《民法典》第一千一百一十一条规定："自收养关系成立之日起，养父母与养子女间的权利义务关系，适用本法关于父母子女关系的规定；养子女与养父母的近亲属间的权利义务关系，适用本法关于子女与父母的近亲属关系的规定。养子女与生父母以及其他近亲属间的权利义务关系，因收养关系的成立而消除。"因此，收养关系成立后，养子女与生父母的权利义务关系消除，已经成年的养子女只需对养父母尽赡养义务，对生父母无法定赡养义务。

(四) 孙子女及外孙子女对祖父母或者外祖父母是否有赡养义务？

《民法典》第一千零七十四条第二款规定，有负担能力的孙子女、外孙子女，对于子女已经死亡或者子女无力赡养的祖父母、外祖父母，负有赡养义务。因此当具备以下两个条件时，孙子女、外孙子女对祖父母、外祖父母负有法定的赡养义务：一是孙子女、外孙子女有负担能力；二是祖父母、外祖父母的子女已经死亡或没有赡养能力。

（五）由兄、姐扶养长大的弟、妹成年后对兄、姐是否负有扶养义务？

《民法典》第一千零七十五条规定，有负担能力的兄、姐，对于父母已经死亡或者父母无力抚养的未成年弟、妹，有扶养的义务。由兄、姐扶养长大的有负担能力的弟、妹，对于缺乏劳动能力又缺乏生活来源的兄、姐，有扶养的义务。通过该条可以看出，由兄、姐扶养长大的弟、妹成年后对缺乏劳动能力和生活来源的兄、姐也负有扶养义务。

（六）尽了赡养义务的子女为什么还会成为赡养纠纷案件的被告？

赡养义务作为赡养人共同的义务，具有法定性和整体性，赡养人和被赡养人之间以及赡养人之间均具有权利义务上的利害关系，赡养纠纷发生时，只有全面审查所有赡养人义务的具体履行情况，才能全面查清案件情况，维护老年人的合法权益。根据《民事诉讼法》第一百三十五条的规定，必须共同进行诉讼的当事人没有参加诉讼的，人民法院应当通知其参加诉讼。赡养纠纷案件中，被赡养人应当将所有赡养人确定为被告进行诉讼，所以尽了赡养义务的子女和没尽赡养义务的子女都会成为赡养纠纷案件的被告。

法律链接

《中华人民共和国民法典》

第二十六条第二款 成年子女对父母负有赡养、扶助和保护的义务。

第一千零六十七条第二款 成年子女不履行赡养义务的，缺乏劳动能力或者生活困难的父母，有要求成年子女给付赡养费的权利。

第一千零七十二条第二款 继父或者继母和受其抚养教育的继子女间的权利义务关系，适用本法关于父母子女关系的规定。

《中华人民共和国老年人权益保障法》

第十九条 赡养人不得以放弃继承权或者其他理由，拒绝履行赡养义务。

赡养人不履行赡养义务，老年人有要求赡养人给付赡养费等权利。

赡养人不得要求老年人承担力不能及的劳动。

第二十二条第一款 老年人对个人的财产，依法享有占有、使用、收益和处分的权利，子女或者其他亲属不得干涉，不得以窃取、骗取、强行索取等方式侵犯老年人的财产权益。

案例三

老年人同居养老需谨慎

——老年人同居期间财产纷争的法律处理

曹 倩①

当前社会,很多老年人因为儿女远行或忙于工作,无法常伴在身边,在遭遇离婚、丧偶等重大变故时,随之而来的最大困扰便是生活中独居的孤独与不便。为了更好地安享晚年,部分老年人在面临独居的困难时,会选择非婚同居的方式,寻一名"老伴儿"搭伙过日子。有的人能通过这种方式收获新的亲情与陪伴,但有的人却会因此遭遇关于财产纷争的"麻烦"。

前因后果

62岁的张大爷与58岁的李大妈经人介绍相识,张大爷丧

---

① 曹倩,北京市延庆区人民法院民事审判一庭(环境资源审判庭)一级法官。

偶，李大妈离异。二人经过一段时间的沟通与了解，日渐产生感情，最终决定相伴余生，开始在张大爷的住处共同居住生活。为了能更好地与李大妈相处，同居后张大爷将自己的退休金存折交给了李大妈保管，由李大妈负责二人日常花销。家里平时都是李大妈操持家务，张大爷退休也不闲着，还去外面打些零工，二人日子过得很美满。张大爷本以为花甲之年的相伴应当是相濡以沫的，现如今两个人都有了精神寄托，以后应该能安享幸福晚年了。不承想，生活琐事很快打破了这种美好，二人各有子女，生活环境不同，价值观念也相差甚远，相处中矛盾冲突越来越多，最终决定结束同居，李大妈搬离了张大爷的住处并将存折还给了张大爷。待李大妈走后，张大爷发现，自己每月退休金有6000余元，自己在外打零工还交给李大妈18600元，但现在存折中根本没有余额。与李大妈反复讨要未果，张大爷一气之下，将李大妈诉至法院，要求其返还同居期间的各项收入186600元。

法院审理过程中，李大妈称张大爷虽然将收入都交给了自己，但二人日常都需要吃药和保健品，再加上日常开销，张大爷的收入都用于日常生活了，因此没有剩余。而且同居期间，张大爷还用自己的收入为两人各购置一件大衣，每件6000元，共花费了1.2万元；张大爷住院一次，花费医疗费5000元。张大爷在庭审中同意不需要李大妈返还购置大衣的钱。

一审法院判决：根据当地居民人均可支配收入及实际生活消费水平，酌定张大爷与李大妈同居期间人均花销为2000元，扣除张大爷为李大妈购置大衣及张大爷住院的花费，李大妈应当向张大爷返还 57600 元。

▶ 是非曲直

(一) 老年人非婚同居关系的法律性质

同居是一个复杂的社会现象。法律所调整的同居关系范围极其狭窄。《民法典》对同居关系的法律处理仅包括有配偶者与他人同居，以及无效或可撤销婚姻导致的同居两种情形。老年人同居一般均系非婚同居，不同于上述情形。通俗意义上讲，非婚同居是指没有缔结婚姻关系的男女双方在一个居所共同生活，形成了精神上、物质上的一种依赖的法律关系。目前，我国现行法律并没有关于非婚同居关系的明确规定，因此对于非婚同居引发的同居双方的人身关系、财产关系的处理，也无相应的法律条文予以规定。《民法典》婚姻家庭编的规定，更多的是对合法婚姻关系内双方权利义务关系的规定，非婚同居关系一般并不能适用婚姻家庭编的相关规定。

究其原因，非婚同居关系引发的矛盾往往较为复杂，因此法律对该种关系中双方究竟应当享有何种权利，履行何种义务，暂时无法予以明确。从目前司法实践来看，法律虽然没有明文禁止非婚同居关系，但无法为当事人就非婚同居关系引发的人身关系纠纷提供相应的救济，由此也可以看出，法律对非婚同居关系是不予鼓励的。法院受理非婚同居关系的案件，多数是解决基于非婚同居关系所产生的财产分割纠纷及子女抚养纠纷。

(二) 老年人非婚同居财产纠纷的处理

虽然法律并不鼓励非婚同居，但对于老年人来说，选择同居生活往往更为便利。在很多老年人眼里，遇到合适的老伴儿一起生活，再婚涉及子女、家庭财产的问题，反倒更加麻烦，还不如两个人直接搬到一起过日子。但在一起生活免不了会产生财产上的纠纷，两个人能和和气气过日子，白头到老，自然更好，一旦发生矛盾，事关财产，免不了会产生冲突。因此，老年人在同居生活前，应当对法律关于非婚同居财产纠纷的处理有所了解。

《最高人民法院关于适用〈中华人民共和国民法典〉婚姻家庭编的解释（一）》第三条规定："当事人提起诉讼仅请求解除同居关系的，人民法院不予受理；已经受理的，裁定驳回起诉。当事人因同居期间财产分割或者子女抚养纠纷提起诉讼的，人民法院应当受理。"据此，老年人非婚同居要求解除同居关系的，法院不予受理，因为同居关系并不是婚姻关系，目前法律并不调整。但老年人要求对同居期间财产进行分割或处理的，属于法院民事案件管辖范围之内。同居关系期间财产纠纷主要包括两种类型：一是共同共有财产的处理；二是一方赠与另一方的财产的处理。

关于共同共有财产的处理。在同居关系析产纠纷案件中，当事人同居期间所取得的工资、奖金和生产、经营的收益以及通过继承、赠与等途径所得的合法收入，原则上归其本人所有。因为同居的双方不具备法律上的配偶身份关系，因此同居期间所得财产不适用夫妻共同财产制度。一方在同居之前投资产生的收益，一般也不因同居关系而转化为共同财产。关于双方共同生活期间产生的共有财产，如两人共同经营产生的收益、共同购买的动产及不动产等，发生纠纷时，鉴于现行法律对此无明文规定，一般的处理原则为按照双方的出资份额、所作贡献等公平合理地予以分割。如双方当事人都没有证据证明自己的出资、投资及贡献情况，那么二人应当对其共有的财产享有相等的份额。对于因长期同居生活而导致财产混同，双方当事人也无法证实哪部分财产属于其个人所有的情况，法院一般也会按照共同财产进行分割。

当然，如遇特殊情况，也应综合考虑，区别处理。比如，有些老年人同居生活，一方虽然退休金较高，但可能存在健康状况较差，自理能力不足，需要另一半悉心照顾的情形。如一方承担了主要家务，并对另一方的饮食起居进行了细致的照顾，付出的劳动价值较大，那么双方实际是以一种"准家庭"的模式在一起生活的。在解除同居关系，进行财产分割时，也应当对付出较多义务的一方给予适当补偿，这既能切实保护弱势一方的合法权益，也符合我国现行法律利益平衡的基本精神。

关于一方赠与另一方的财产的处理。同居的双方，为了更好地与对方共同生活，难免会因为日常生活开支等产生资金的往来。比如，本案中的张大爷，为了与李大妈一起安享晚年，主动将存折交给李大妈保管。这种行为应当认定为张大爷愿意将自己的部分财产赠与李大妈,以承担李大妈与其共同生活期间的支出。上述赠与行为系其真实意思表示,系为与受赠人进一步增进感情而作出的行为,其在同居关系结束后,要求受赠人返还,不符合法律规定,法院难以支持。根据现行法律规定,赠与关系的成立,以赠与物的交付为准。虽然法律规定赠与人享有任意撤销权,但该权利的行使以赠与财产权利没有转移为前提,一旦赠与财产权利转移,赠与人的任意撤销权则归于消灭。另外,《民法典》第六百六十三条规定,存在以下三种情形时,赠与人也可以在知道或者应当知道撤销事由之日起一年内行使法定撤销权:一是严重侵害赠与人或者赠与人近亲属的合法权益;二是对赠与人有扶养义务而不履行;三是不履行赠与合同约定的义务。具体到本案中,张大爷自愿将自己的存折交给李大妈保管,由李大妈负责二人的日常花销,那么其赠与李大妈的日常开销的财产,在无法定撤销情形的情况下,不能要求李大妈予以返还。但是,张大爷的退休金收入原则上属于其个人所有,没有用于二人花销的部分,李大妈仍然应当返还。

法官提示

独居的老年人为了过好晚年生活,在选择以非婚同居的方式与老伴儿共度余生时,也应当对随之而来可能产生的财产纠纷进行预先防范。

(一) 提前拟定同居协议

可通过协议，对同居期间的赡养问题、财产问题及以后的丧葬问题等作出约定。大部分老年人丧偶、离婚后共同居住生活，不仅涉及自己的财产问题，还可能因为赡养的关系，涉及子女的财产问题。这些复杂的人身关系、财产关系都可能会在同居期间引发矛盾与纠纷。因此，为了更好地共同生活，维系感情，可以事先就财产处分问题拟定同居协议，对各自所有的个人财产及今后共同生活可能产生的收益、债务等作出明确约定。一旦二人在共同生活之初对财产问题都有了明晰的认知，矛盾就会减少很多。另外，二人一起生活，共同支配财产，这些日常生活中的花销也很难留存证据，一旦引发诉讼，往往会面临举证不能而带来的败诉风险。因此，提前对财产、人身关系作出约定，对日后权利的保障是很重要的。

(二) 共同财产保留证据

共同生活期间，应对共同收益、共同购置的财产等保留好出资证据。共同生活的双方，因财产问题发生纠纷进入诉讼程序时，根据"谁主张，谁举证"的原则，主张对共有财产进行分割的一方必须提供足够的证据来支持自己的诉求。老年人在共同生活期间就应当有证据留存的意识，因为感情的事情最无定论，一旦两个人感情不再，足够的证据就可以避免自己辛苦所得的合法财产受到损害。

（三）书面合同有备无患

共同生活期间的财产赠与、居住权等问题，都可拟定书面合同。如老年人双方在共同生活期间，一方赠与另一方大额财产，同时需要对方履行一定的照顾、扶养义务时，可以签订书面的赠与合同，对赠与人与受赠人的权利义务进行明确约定，从而避免日后因履行不能的问题产生争议。老年人在一起生活，有时候一方为了感谢另一方的照顾，会想要赠与另一方大额财产，这时候签订赠与合同就非常有必要。因为一旦因为赠与的问题产生诉讼，受赠一方的证明义务非常大，为了避免双方因赠与发生争议，一方可以在赠送另一方财产时，拟定相应的赠与合同。另外，子女在赠与自己父母财产时，为了避免日后和父母的另一半产生经济、财产上的纠纷，也可拟定赠与合同，明确赠与财产的归属。

还有的老年人，希望对方对自己尽扶养义务，负责自己生养死葬，为了保障义务方在自己去世后的权益，可以与对方签订遗赠扶养协议，确定尽了扶养义务的一方可以在自己去世后享有相应的继承权，从而获得基本生活保障。

还有的老年人，一方至另一方的住所共同生活多年，但对方死亡后，其子女则会将没有血缘关系的老人赶出家门，造成其老无所居。因此，同居中的老年人，为保障双方的居住权益，也可以签订居住权合同，满足一方去世后，另一方的生活居住需要，避免相应的房产纠纷。

老年人在黄昏恋中所收获的情感慰藉，可能是子女陪伴也无法比拟的。所以，子女在面对父母的感情时，应当尊重父母的意愿，在合理保护父母财产的前提下，尽可能尊重父母的情感诉求，让其安享晚年。

法律链接

《中华人民共和国民法典》

第六百五十七条　赠与合同是赠与人将自己的财产无偿给予受赠人，受赠人表示接受赠与的合同。

第六百五十八条　赠与人在赠与财产的权利转移之前可以撤销赠与。

经过公证的赠与合同或者依法不得撤销的具有救灾、扶贫、助残等公益、道德义务性质的赠与合同，不适用前款规定。

第六百五十九条　赠与的财产依法需要办理登记或者其他手续的，应当办理有关手续。

第六百六十一条　赠与可以附义务。

赠与附义务的，受赠人应当按照约定履行义务。

第六百六十三条　受赠人有下列情形之一的，赠与人可以撤销赠与：

（一）严重侵害赠与人或者赠与人近亲属的合法权益；

（二）对赠与人有扶养义务而不履行；

（三）不履行赠与合同约定的义务。

赠与人的撤销权，自知道或者应当知道撤销事由之日起一年内行使。

第六百六十五条 撤销权人撤销赠与的，可以向受赠人请求返还赠与的财产。

《最高人民法院关于适用〈中华人民共和国民法典〉婚姻家庭编的解释（一）》

第三条 当事人提起诉讼仅请求解除同居关系的，人民法院不予受理；已经受理的，裁定驳回起诉。

当事人因同居期间财产分割或者子女抚养纠纷提起诉讼的，人民法院应当受理。

案例四

最大程度实现"老有所依、老有所护"

——监护人应当按照最有利于被监护
老年人的原则履行监护职责

刘　璐[①]

随着老龄人口的增多，限制民事行为能力或者无民事行为能力的老年人越来越多，如何方便老年人处理日常事务，通过法律手段保障老年人的权益不被侵害？《民法典》施行后，"意定监护"进入大众视野，即允许有完全民事行为能力的成年人根据本人意愿确定自己的监护人，这一规定既是对公众意思自治的尊重和保护，也有利于维护社会秩序。因此，有必要通过法律手段确认老年人的行为能力并为老年人指定监护人，实现"老有所依、老有所护"，守护空巢老人、孤寡老人。

---

① 刘璐，北京市延庆区人民法院审判管理办公室（研究室）审判管理组副组长。

前因后果

(一) 离婚诉讼确定监护人

岑冬与毕萍登记结婚,婚后生育一女岑梅。岑宏、陈圆是岑冬的父母。因岑冬患精神分裂症,毕萍向法院起诉要求与岑冬离婚,法院经审理判决:"一、准予毕萍与岑冬离婚;二、婚生女儿岑梅由毕萍负责抚养;……四、离婚后,岑冬在患精神分裂症期间的生活由岑冬的父亲岑宏及母亲陈圆负责监护和照顾,岑冬的财产由岑冬的父亲岑宏及岑冬的母亲陈圆负责代岑冬保管……"此后,岑冬的父亲岑宏去世,岑冬一直由其母亲陈圆负责监护和照顾。

(二) 子女认为原监护人怠于履行监护职责起纷争

20年后,岑冬的女儿岑梅已经长大成人。岑梅认为,岑冬近年来一直独居,陈圆平时虽向岑冬支付生活费解决生活基本需要,但无力落实岑冬的疾病治疗与监护责任。陈圆也一直不愿意配合村委会对岑冬的管理工作,岑冬得不到专业治疗和药物控制,精神状况长期处于不稳定状态。考虑到陈圆年纪较大、健康较差等情况,已无力履行对岑冬的监护责任,当地政府部门虽未正式撤销陈圆的监护人资格,但已指定村干部暂行监护人职责,派遣专人24小时看管岑冬。

此后，岑梅以陈圆未对岑冬尽到监护职责为由，将陈圆诉至法院，要求法院撤销陈圆的监护人资格，变更自己为岑冬的监护人。

(三) 原告、被告双方争夺失智老人的监护权

庭审中，陈圆认为，离婚诉讼判决已判定岑冬在患精神分裂症期间的生活由岑宏及自己负责监护和照顾，现岑宏已经去世，故自己作为监护人于法有据，岑梅并未提供充分证据证实自己存在应依法被撤销监护人资格的法定情形，又或有损害被监护人岑冬权益的行为，且相关政府部门已明确指定专人暂行监护人职责，24小时看管岑冬，现阶段暂未发现有亟须变更监护人的必要性。如贸然变更监护人，未必更有利于被监护人岑冬。自己在被监护人岑冬患病离婚后已对其监护照顾多年，岑梅作为岑冬的女儿，应该多与自己沟通联系，对岑冬尽可能予以照顾，共同维护岑冬的权益。

(四) 法院按照最有利于被监护人的原则判决变更监护人

一审法院经审理后认为，岑梅作为岑冬的女儿，具有监护人资格，在陈圆因自身客观原因无法履行监护责任，全面保障被监护人岑冬权益的情况下，要求变更为岑冬的监护人并承诺全面保障岑冬的权益，符合最有利于岑冬的原则，判决撤销陈圆对岑冬的监护人资格，指定岑梅为岑冬的监护人。陈圆不服一审判决，提出上诉。二审法院判决驳回上诉，维持原判。

是非曲直

（一）监护人的确定存有争议可向相关部门申请指定

《民法典》第三十一条第一款规定："对监护人的确定有争议的，由被监护人住所地的居民委员会、村民委员会或者民政部门指定监护人，有关当事人对指定不服的，可以向人民法院申请指定监护人；有关当事人也可以直接向人民法院申请指定监护人。"本案中，岑梅与陈圆对岑冬的监护权归属存在争议且协商不成，当地村委会表示暂无变更监护权的必要性，该表示仅是村委会基于岑冬病情较为稳定，可自行解决生活问题的判断。而当地政府部门则表示，陈圆无力落实对岑冬的疾病治疗与监护责任，虽未正式撤销陈圆对岑冬的监护权，但已指定村干部暂行监护人职责。可见，当地的村委会与政府部门对陈圆是否为合适的监护人意见不一致。在上述情况下，岑梅向法院申请指定监护人符合法律规定。

（二）监护人履行监护职责的基础原则

《民法典》第三十五条第一款、第三款规定，监护人应当按照最有利于被监护人的原则履行监护职责。监护人除为维护被监护人利益外，不得处分被监护人的财产。成年人的监护人履行监护职责，应当最大程度地尊重被监护人的真实意愿，保障并协助被监护人实施与其智力、精神健康状况相适应的民事法律行为。对被监护人有能力独立处理的事务，监护人不得干涉。本案中，在陈圆因自身的客观原因无法履行监护责任，全面保障被监护人岑冬权益的情况下，岑梅要求变更为监护人并承诺全面保障岑冬的权益，符合最有利于岑冬的原则。

(三) 怠于履行监护职责的监护人资格应当被撤销

《民法典》第三十六条第一款规定："监护人有下列情形之一的，人民法院根据有关个人或者组织的申请，撤销其监护人资格，安排必要的临时监护措施，并按照最有利于被监护人的原则依法指定监护人：(一) 实施严重损害被监护人身心健康的行为；(二) 怠于履行监护职责，或者无法履行监护职责且拒绝将监护职责部分或者全部委托给他人，导致被监护人处于危困状态；(三) 实施严重侵害被监护人合法权益的其他行为。"从上述法条中可以看出，监护人被撤销监护人资格的情形主要有三种。本案中，离婚诉讼判决确认陈圆为岑冬的监护人，陈圆对岑冬进行了多年的照顾，但现在陈圆年事已高，对岑冬的监护已力不从心，近年来对岑冬的监护仅限于支付生活费，对岑冬的疾病并未进行治疗，对岑冬的其他各项权益并没有进行保护，陈圆因个人原因怠于履行监护职责，故法院撤销了陈圆的监护人资格，指定岑冬的女儿岑梅为其监护人。

法官提示

（一）监护人应当全面履行监护职责

监护人在履行职责时，应当保护被监护人的人身权利、财产权利以及其他合法权益，包括保护被监护人的身体健康、照顾被监护人的生活、管理和保护被监护人的财产、代理被监护人进行民事活动、对被监护人进行管理、在被监护人合法权益受到侵害时或者与人发生争议时，代理其进行诉讼。监护人不履行监护职责或者侵害被监护人合法权益的，应当承担法律责任。

（二）"最有利于被监护人"原则的适用标准

《民法典》在自然人一章对监护人作出了规定，明确指定监护人以及监护人履行监护职责时，应当遵循"最有利于被监护人"原则。《民法典》第三十五条的总分式规范结构宣示了"最有利于被监护人"属于首要的监护职责履行规则，也凸显了"尊重被监护人的真实意愿"原则在"最有利于被监护人"原则中的核心地位。这一规定顺应了时代的潮流，具有科学性，亦为世界诸多先进国家的立法所确立，并成为关于监护制度的一项被普遍认可的重要准则。

"最有利于被监护人"原则的重要体现就是尊重成年被监护人的真实意愿，选定监护人要考虑到其真实想法和需求，权衡利弊，尽量作出对其有利的决定，要将被监护人可能遭受的损失降到最低。如果老年人的民事行为能力缺失，且不存在法定顺序的监护人对其加以监护，为了被监护人的利益，应当由最有利于被监护人的主体承担监护责任。本案中，年富力强的岑冬女儿申请作为监护人符合岑冬的利益，也是最有利于岑冬的选择。所以判决符合"最有利于被监护人"的要求，为保护被监护人的身心健康发展提供了法律保障。此外，"最有利于被监护人"原则并不意味着完全听从被监护人的要求，而是在最大程度上尊重被监护人的意思自治，并非盲从被监护人意愿而导致其利益受损。

（三）"最有利于被监护人"原则的判断标准

"最有利于被监护人"原则要求对监护人的选择符合被监护人的最大利益，而在判断是否符合最大利益时，需要一定的判断标准。随着社会结构从家庭向个人的变迁，成年监护不再仅仅是家庭内部的"私事"，而是逐渐走向社会，越来越多地体现出社会化、专业化、职业化的特点。成年监护法，也逐渐从家庭法中脱离出来，体现为以被监护人的个人利益为核心的新型法律制度。这种变化，势必要求不再把监护人的选择作为一种家庭事务，以血缘关系作为选定监护人的主要标准。在判断被监护人利益时，不仅要考虑被监护人现今的现实利益，还要考虑其未来的期待利益。被监护人的最大利益是一种概括性的判断基准，不仅需要考量当下的情况，还需要对未来做出预判和思考。所以在判断申请人是否适合承担监护责任的时候，应当充分利用各方陈述以及当事人所提供的证据，对被监护人当下和未来的利益进行评估，根据具体情况对被监护人所承担的最小风险和最大利益进行选择，做出最终的判断。

《民法典》所确立的判断标准应当结合为我国现实实际来综合确定，可将"最有利于被监护人"原则的判断要素概括为积极事由、消极事由与其他事由三类。

积极事由包括：1.被监护人的年龄、性别、生活背景及其他相关因素；2.监护人的监护能力，包括监护人的生理状态（包括年龄、健康状态等），心理状态（包括有无精神疾病等），性格，责任心，教育程度，感情成熟度等因素在内；3.监护人监护的意愿以及对于被监护人的感情与态度；4.被监护人的自我意愿；5.根据被监护人以往的行为与意愿偏好判断其可能的意愿。

消极事由包括：1.监护人道德上的负面评价；2.对被监护人实施的不当行为，如暴力、侮辱等行为；3.影响被监护人身心健康的不良嗜好。

其他事由包括：1.参考被监护人周围相关领域人士的意见，如教育者、财务顾问、医疗服务提供者的意见；2.该决定对被监护人可能造成的影响；3.第三人协助照顾的可能性；4.判断的事项涉及的是长远的利益还是短期的利益。

在司法实践过程中，法官要灵活运用三类判断要素对申请人的状况进行评估，根据实际完成最大利益标准的判断，做到客观实践与主观认定相统一，在最大程度上维护被监护人的权益。

法律链接

《中华人民共和国民法典》

第二十八条 无民事行为能力或者限制民事行为能力的成年人，由下列有监护能力的人按顺序担任监护人：

（一）配偶；

（二）父母、子女；

（三）其他近亲属；

（四）其他愿意担任监护人的个人或者组织，但是须经被监护人住所地的居民委员会、村民委员会或者民政部门同意。

第三十条 依法具有监护资格的人之间可以协议确定监护人。协议确定监护人应当尊重被监护人的真实意愿。

第三十一条 对监护人的确定有争议的，由被监护人住所地的居民委员会、村民委员会或者民政部门指定监护人，有关当事人对指定不服的，可以向人民法院申请指定监护人；有关当事人也可以直接向人民法院申请指定监护人。

居民委员会、村民委员会、民政部门或者人民法院应当尊重被监护人的真实意愿，按照最有利于被监护人的原则在依法具有监护资格的人中指定监护人。

依据本条第一款规定指定监护人前，被监护人的人身权利、财产权利以及其他合法权益处于无人保护状态的，由被监护人住所地的居民委员会、村民委员会、法律规定的有关组织或者民政部门担任临时监护人。

监护人被指定后,不得擅自变更;擅自变更的,不免除被指定的监护人的责任。

第三十二条 没有依法具有监护资格的人的,监护人由民政部门担任,也可以由具备履行监护职责条件的被监护人住所地的居民委员会、村民委员会担任。

第三十三条 具有完全民事行为能力的成年人,可以与其近亲属、其他愿意担任监护人的个人或者组织事先协商,以书面形式确定自己的监护人,在自己丧失或者部分丧失民事行为能力时,由该监护人履行监护职责。

第三十四条 监护人的职责是代理被监护人实施民事法律行为,保护被监护人的人身权利、财产权利以及其他合法权益等。

监护人依法履行监护职责产生的权利,受法律保护。

监护人不履行监护职责或者侵害被监护人合法权益的,应当承担法律责任。

因发生突发事件等紧急情况,监护人暂时无法履行监护职责,被监护人的生活处于无人照料状态的,被监护人住所地的居民委员会、村民委员会或者民政部门应当为被监护人安排必要的临时生活照料措施。

第三十五条第一款 监护人应当按照最有利于被监护人的原则履行监护职责。监护人除为维护被监护人利益外,不得处分被监护人的财产。

第三款 成年人的监护人履行监护职责,应当最大程度地尊重被监护人的真实意愿，保障并协助被监护人实施与其智力、精神健康状况相适应的民事法律行为。对被监护人有能力独立处理的事务，监护人不得干涉。

第三十六条 监护人有下列情形之一的，人民法院根据有关个人或者组织的申请，撤销其监护人资格，安排必要的临时监护措施，并按照最有利于被监护人的原则依法指定监护人：

（一）实施严重损害被监护人身心健康的行为；

（二）怠于履行监护职责，或者无法履行监护职责且拒绝将监护职责部分或者全部委托给他人，导致被监护人处于危困状态；

（三）实施严重侵害被监护人合法权益的其他行为。

本条规定的有关个人、组织包括：其他依法具有监护资格的人、居民委员会、村民委员会、学校、医疗机构、妇女联合会、残疾人联合会、未成年人保护组织、依法设立的老年人组织、民政部门等。

前款规定的个人和民政部门以外的组织未及时向人民法院申请撤销监护人资格的，民政部门应当向人民法院申请。

案例五

最美夕阳红：始于相恋，成于相伴

——老年人结婚自由，离婚亦自由

赵书博　于海旭[①]

最美不过夕阳红，最亲不过老来伴。老年人同样有结婚自由和离婚自由，作为子女，不应该横加干涉父母的婚姻自主意愿。这不仅是子女关心关爱父母的体现，更是法律对子女的基本要求之一。《民法典》第一千零四十一条明确提出了"婚姻自由"的婚姻制度原则；第一千零四十二条明确指出，禁止包办、买卖婚姻和其他干涉婚姻自由的行为；第一千零六十九条规定："子女应当尊重父母的婚姻权利，不得干涉父母离婚、再婚以及婚后的生活。子女对父母的赡养义务，不因父母的婚姻关系变化而终止。"《老

[①] 赵书博，北京市高级人民法院新闻宣传办公室法官助理。
于海旭，北京市延庆区人民法院八达岭人民法庭一级法官。

年人权益保障法》第二十一条第一款规定："老年人的婚姻自由受法律保护。子女或者其他亲属不得干涉老年人离婚、再婚及婚后的生活。"

家庭是社会的细胞,婚姻又是家庭的核心。婚姻自由作为《民法典》婚姻家庭编的基本原则之一,对于保护男女自主决定建立、变更、解除婚姻关系,意义重大。

前因后果

(一)再婚重新建家庭

张大爷和李大妈两人的配偶均已去世,后双方经人介绍熟识,共同决定组建成新的家庭。张大爷和李大妈办理结婚登记手续之初,双方感情尚可,相处融洽,双方子女也因此相处得比较和谐,李大妈一直随张大爷在张大爷的房屋内一起生活。后来,张大爷家面临拆迁,张大爷便和李大妈一起搬去李大妈儿子的房屋生活。此后,张大爷和李大妈因生活支出问题发生争执,矛盾不断激化。

(二)生活费用起纷争

再婚后,张大爷每月定期把退休金交给李大妈打理,用于支付二人共同的生活费用。两人基本不用依靠双方子女额外给付生活费。生活一段时间后,张大爷发现,李大妈除将退休金用于共同生活外,还购买了一些类似传销的产品,导致自己的退休金已经无法负担。李大妈坚称未购买传销产品,退休金都用于二人共同生活支出。后来,张大爷不再给李大妈生活费,二人因此矛盾激化,闹上法庭。

(三) 双方各自有苦衷

庭审中,张大爷称,李大妈盯上自己的退休金,花钱如流水,一旦自己不顺从,便找理由大吵大闹,导致二人感情淡薄。尤其是近年来,因为李大妈买了一堆类似传销的保健品,经济条件恶化,导致二人没有共同语言,虽在一个屋檐下却形同陌路人。张大爷房屋拆迁后,二人搬到李大妈儿子的房屋居住,约定张大爷每月支付500元给李大妈,但李大妈依然不满足,张大爷无奈,只能搬到自己儿子家居住。因此,张大爷诉至法院,要求与李大妈离婚。

李大妈则称,双方结婚初期夫妻感情尚好,后来自己健康状况恶化,需要长期服药,感情才出现问题。李大妈认为,张大爷是因为自己已经丧失劳动能力,每日都需要服用药物,并且需要人陪护,才想与自己离婚,企图通过离婚诉讼来逃避扶养义务,达成其遗弃的目的。

(四) 法院判决化矛盾

一审法院判决张大爷和李大妈离婚。判决后,双方没有上诉,判决已经生效。李大妈对于离婚没有意见,但觉得自己在婚姻生活中付出的较多,身体不好,需要扶养。经法院释明后，双方又另行协商解决了财产纠纷的相关问题。

是非曲直

（一）老年人享有结婚自由

《民法典》对结婚的法定条件进行了规定。除未到法定婚龄、近亲结婚等不符合结婚登记条件外，根据《民法典》相关规定，结婚的男女双方应当亲自到婚姻登记机关申请结婚登记。结婚应当男女双方完全自愿，禁止任何一方对另一方加以强迫，禁止任何组织或者个人加以干涉。完成结婚登记，即确立婚姻关系。未办理结婚登记的，应当补办登记。登记结婚后，按照男女双方约定，女方可以成为男方家庭的成员，男方也可以成为女方家庭的成员。

与年轻人的婚恋观有所不同，一些单身老年人表示"黄昏恋"重点不在于"恋"，而是想在自己的晚年生活中有个伴儿，互相照料，排解孤单。对于一些丧偶、离异的老年人而言，再次步入婚姻，往往需要直面观念的冲突、子女的阻挠和舆论的压力，因此实践中，还存在不少二人搭伙过日子，不办理结婚登记手续，不领取结婚证的情况，属于非婚同居。非婚同居应不违反我国一夫一妻制等法律法规的禁止性规定，一方有配偶或者双方有配偶的同居不是非婚同居，而是婚后同居，涉嫌重婚罪。而非婚同居生活期间，双方共同劳动、经营或管理所得财产若出现财产混同的情况,会被认定为共同财产。同居生活期间双方共同所得的收入和购置的财产,考虑产权登记情况和双方实际出资情况,按一般共同财产进行处理。如无法确定出资份额,则视为等额享有。

本案中,张大爷和李大妈两人的配偶均已去世,后双方经人介绍熟识,又有结婚组成新家庭的共同意愿,他们的结婚自由受到法律的尊重和保护。尤其是在张大爷和李大妈办理结婚登记手续后,二人缔结的婚姻关系正式得到法律的确认,二人成为法律意义上的夫妻。

(二)老年人享有离婚自由

婚姻自由意味着,结不结婚是自由的,离不离婚也是自由的,全凭双方意思自治。《民法典》第一千零七十九条规定:"夫妻一方要求离婚的,可以由有关组织进行调解或者直接向人民法院提起离婚诉讼。人民法院审理离婚案件,应当进行调解;如果感情确已破裂,调解无效的,应当准予离婚……"

关于单纯解除同居关系,《最高人民法院关于适用〈中华人民共和国民法典〉婚姻家庭编的解释(一)》第三条规定:"当事人提起诉讼仅请求解除同居关系的,人民法院不予受理;已经受理的,裁定驳回起诉。当事人因同居期间财产分割或者子女抚养纠纷提起诉讼的,人民法院应当受理。"也就是说,法院不受理单纯起诉请求解除同居关系的纠纷,如果已经受理,则驳回起诉。但法院会处理因同居期间财产分割或者子女抚养产生的纠纷。搭伙过日子的老年人在不涉及财产分割和子女抚养问题的情况下,无须通过诉讼程序,即可自行解除同居关系。

(三) 离婚与否应当遵从老年人的真实意思表示和法律规定

《民法典》第一千零七十六条第一款规定,夫妻双方自愿离婚的,应当签订书面离婚协议,并亲自到婚姻登记机关申请离婚登记。30 日的"离婚冷静期"是《民法典》婚姻家庭编的一个创新。自婚姻登记机关收到离婚登记申请之日起 30 日内,任何一方不愿意离婚的,可以向婚姻登记机关撤回离婚登记申请。规定期限届满后 30 日内,双方应当亲自到婚姻登记机关申请发给离婚证;未申请的,视为撤回离婚登记申请。法院审理离婚案件,应当进行调解;如果感情确已破裂,调解无效的,应当准予离婚。若老年人至法院诉讼离婚,法院会审慎审查,确认双方感情确已破裂,调解无效的才会准予离婚,以免双方因家庭琐事矛盾而冲动离婚。

本案中,因为身体和花销原因,张大爷和李大妈的关系日渐恶化,二人对挽回婚姻也不再抱有希望,可以推定张大爷和李大妈的感情确已破裂。在未能协商一致离婚的情况下,张大爷和李大妈可通过诉讼离婚。尽管李大妈认为,张大爷是嫌弃自己身体不好,离婚就是遗弃自己,但经法院查明,事实确实是夫妻二人感情破裂,不存在刑法意义上遗弃的故意。

法官提示

(一) 搭伙生活 ≠ 结婚登记

当下,除了在经济上要确保老年人"老有所养"以外,还要在情感上让老年人"老有所依"。老年人的情感需求一方面来自子女和亲属;另一方面更重要的是来自"老伴儿"。在部分家庭中,搭伙生活的老两口儿并没有办理婚姻登记手续,法律所保护的对象和范畴与办理结婚登记手续的夫妻有所不同。

根据《最高人民法院关于适用〈中华人民共和国民法典〉婚姻家庭编的解释(一)》第七条的规定,未依据《民法典》第一千零四十九条规定办理结婚登记而以夫妻名义共同生活的男女,在1994年2月1日民政部《婚姻登记管理条例》公布实施以前,男女双方已经符合结婚实质要件的,按事实婚姻处理;在1994年2月1日民政部《婚姻登记管理条例》公布实施以后,男女双方符合结婚实质要件的,不是事实婚姻。如果没有补办结婚登记手续,则按同居关系处理。也就是说,男女双方构成事实婚姻必须满足三个条件:一是未到民政部门办理结婚登记;二是以夫妻名义共同生活;三是1994年2月1日前,男女双方已经符合结婚实质要件。同居生活不等于事实婚姻,事实婚姻必须同时满足以上条件,否则就算共同居住了很多年，生育了子女，也不构成事实婚姻，仅为同居关系。

同居生活并不等同于办理结婚登记手续。同居生活无法建立婚姻关系，办理结婚登记手续意味着建立婚姻关系。婚姻关系是指结婚的男女双方亲自到婚姻登记机关进行登记结婚。符合法律规定的，予以登记，发给结婚证。取得结婚证，即确立了夫妻关系，也就是确立了婚姻关系。而同居生活通常是指均无配偶的男女双方，在不违反法律禁止性规定的前提下，长期共同生活而形成的关系。

同居生活可以随时出于当事人的意愿而终止，在人身关系和财产关系上，双方都有较大的自由度。同居期间的两个人不能被视为法律意义上的夫妻，不具有法律意义上的夫妻之间的权利和义务关系。在人身方面，夫妻之间有互相扶养的义务。一方不履行扶养义务时，需要扶养的一方，有要求对方支付扶养费的权利。也就是说，当一方因病或丧失劳动能力而不能独立劳作支持自己的生活时，另一方负有扶养的义务，如另一方不履行扶养义务，一方可向法院起诉。而就同居关系而言，法律并未规定此种强制性的义务。在财产方面，婚姻关系存续期间取得的财产，一般视为夫妻共有财产（夫妻另有约定的除外），离婚时可要求分割，一方去世后，另一方有财产继承权。而解除同居关系时，同居期间的财产，能证明为一方财产的，归该个人所有，不能证明为一方所有的，按一般共有财产处理。一方去世后，另一方一般不享有继承权。

（二）离婚有协议离婚和诉讼离婚两种方式

根据《民法典》相关规定，夫妻离婚，可以选择去民政部门协议登记离婚，也可以选择到法院提起诉讼离婚。

自婚姻登记机关收到离婚登记申请之日起 30 日内，任何一方不愿意离婚的，可以向婚姻登记机关撤回离婚登记申请。规定期限届满后 30 日内，双方应当亲自到婚姻登记机关申请发给离婚证；未申请的，视为撤回离婚登记申请。婚姻登记机关查明双方确实是自愿离婚，并已经对子女抚养、财产以及债务处理等事项协商一致的，予以登记，发给离婚证。夫妻双方想要通过协议的方式离婚，需要在双方均为自愿的基础上，就子女、财产、债务处理等问题达成一致。如果双方无法达成一致，可能无法通过协议离婚。在上述事项协商一致的基础上，双方共同到民政部门递交离婚登记申请后，需要经过 30 日的冷静期。当双方意识到真的要离婚，心理发生变化时，心软后悔都可能发生。如果此时一方反悔，就可以撤回离婚申请。30 日冷静期过后，如果一方未亲自到民政部门申请发放离婚证，也视为撤回离婚申请。

诉讼离婚是夫妻双方对解除婚姻关系有争议的离婚。法院对此类争议处理起主导作用。当事人诉请离婚，法院须进行主动查证与裁决，对当事人提出的离婚请求和理由进行审查，而不是被动认可和批准。1980 年《婚姻法》将"感情确已破裂"作为诉讼离婚的唯一实质性要件，实行单一的破裂主义原则。目前《民法典》的概括性条款为"如果感情确已破裂，调解无效的，应当准予离婚"。对于判断夫妻感情是否确已破裂，还列举了具体情形：1. 重婚或者与他人同居；2. 实施家庭暴力或者虐待、遗弃家庭成员；3. 有赌博、吸毒等恶习屡教不改；4. 因感情不和分居满 2 年；5. 其他导致夫妻感情破裂的情形。如果法院审查认为双方感情没有破裂而驳回离婚诉请，并非限制离婚自由，而是为了保障婚姻自由，避免草率离婚。同时，《民法典》针对离婚诉讼中出现的"久调不判"问题，亦增加相应规定：经法院判决不准离婚后，双方又分居满 1 年，一方再次提起离婚诉讼的，应当准予离婚。

法律链接

《中华人民共和国民法典》

第一千零四十一条第二款 实行婚姻自由、一夫一妻、男女平等的婚姻制度。

第一千零四十二条第一款 禁止包办、买卖婚姻和其他干涉婚姻自由的行为。禁止借婚姻索取财物。

第一千零六十九条 子女应当尊重父母的婚姻权利，不得干涉父母离婚、再婚以及婚后的生活。子女对父母的赡养义务，不因父母的婚姻关系变化而终止。

第一千零七十九条 夫妻一方要求离婚的，可以由有关组织进行调解或者直接向人民法院提起离婚诉讼。

人民法院审理离婚案件，应当进行调解；如果感情确已破裂，调解无效的，应当准予离婚。

有下列情形之一，调解无效的，应当准予离婚：

（一）重婚或者与他人同居；

（二）实施家庭暴力或者虐待、遗弃家庭成员；

（三）有赌博、吸毒等恶习屡教不改；

（四）因感情不和分居满二年；

（五）其他导致夫妻感情破裂的情形。

一方被宣告失踪，另一方提起离婚诉讼的，应当准予离婚。

经人民法院判决不准离婚后，双方又分居满一年，一方再次提起离婚诉讼的，应当准予离婚。

《中华人民共和国老年人权益保障法》

第二十一条第二款 赡养人的赡养义务不因老年人的婚姻关系变化而消除。

小 结

涉老家事案件案由分布相对比较集中，主要为赡养、继承、离婚、监护、同居等，涉及老年人的身体健康权、财产处分权、婚姻自由等权利，本编通过对典型案例进行分析，努力为老年人"有尊严、有价值、高质量"的晚年生活提供司法保障。现将涉老婚姻家庭关系中应注意的相关法律问题总结如下：

第一，子女应尊重父母遗嘱，不应干涉老年人的财产权益，不得以窃取、骗取、强行索取等方式侵犯老年人的财产权益。老年人订立遗嘱是其本人对自己财产的分配，体现了自己的意愿，通俗来讲，老年人愿意如何分配财产就如何分配，愿意给子女多分还是少分都是自己的自由，子女应充分尊重父母的遗嘱意愿，不能多加干涉。

第二，赡养义务属于法定义务。该义务对婚生子女、非婚生子女、养子女以及与继父母形成了抚养教育义务关系的继子女均适用，子女不得以父母婚姻发生变化、已放弃继承权或未分得家产、已断绝父母子女关系等理由拒绝履行赡养义务。有多个子女的，也不能以其他子女已经尽了赡养义务为由而拒绝赡养。此外，子女也不得以父母未帮忙照看孩子等为由拒绝履行赡养义务。

第三，老年人同居关系析产纠纷案件中，同居期间所取得的工资、奖金和生产、经营的收益以及通过继承、赠与等途径获得的合法收入，原则上归其本人所有。同居的双方不具备法律上的配偶身份关系，因此同居期间所得财产不适用夫妻共同所有财产制度。一方在同居之前投资产生的收益，一般也不因同居关系而转化为共同财产。

第四，监护人在履行职责时，应当保护被监护老年人的人身权利、财产权利以及其他合法权益。包括保护被监护老年人的身体健康、照顾被监护老年人的生活、管理和保护被监护老年人的财产、代理被监护老年人进行民事活动、对被监护老年人进行管理、在被监护老年人合法权益受到侵害或者与人发生争议时代理其进行诉讼。监护人不履行监护职责或者侵害被监护老年人合法权益的，应当承担法律责任。

第五，老年人享有结婚自由、享有离婚自由，结婚、离婚与否应当遵从老年人的真实意思表示和法律规定。应该给予老年人更多的关心照顾，切不可因为个人私心，破坏老年人来之不易的幸福晚年生活。

侵权责任编

引 言

随着我国人口老龄化程度的进一步加深,对老年人权益造成侵害的案件数量也呈现上升趋势,既有因交通事故或者用工事故致使老年人身体受到伤害,亦有为了个人利益侵害老年人的隐私权,更有甚者,虐待、遗弃老年人。那么,上述行为将面临怎样的法律后果?老年人遭遇侵权时应当如何维护自己的合法权益?本编将围绕上述老年人侵权典型案例详细展开。

案例一

老年人发生交通事故如何维权?
——留好证据,合理主张

吴嘉琪[①]

随着生活水平的提高,机动车保有量和驾驶人数量逐年增加,道路交通事故频发,老年人在增强交通安全意识、预防和减少交通事故发生的同时,也应当熟悉机动车交通事故发生后如何维护自己合法权益的法律知识。

前因后果

(一)事故突发

张大爷62岁,某日驾驶电动三轮车外出时与李四驾驶的

[①] 吴嘉琪,北京市延庆区人民法院立案庭(诉讼服务中心)法官助理。

轿车发生交通事故,导致车辆损坏,张大爷受伤。当地公安局交通支队出具了《道路交通事故认定书》,认定李四负全部责任。事故发生后,张大爷被送往医院治疗。经鉴定,张大爷伤情构成十级伤残。李四驾驶的肇事车辆投保了机动车交通事故责任强制保险与机动车第三者责任商业保险。张大爷的父亲张三83岁,母亲已去世。

(二)法院审理

事故发生后,双方就赔偿事宜无法达成一致意见,张大爷诉至法院,要求李四及保险公司赔偿自己各项损失,包括医疗费、住院伙食补助费、残疾赔偿金(含被扶养人生活费)、精神损害抚慰金、护理费、营养费、交通费、误工费及财产损失,并提交了相关证据予以证明。李四认为,张大爷已经过了法定退休年龄,不应主张误工费,不认可误工费的损失。保险公司则认为,张大爷医疗费中的非医保部分,保险公司不予承担。

(三)法院裁判

法院经审理认为,此次事故经交通管理部门认定李四负全部责任,现张大爷要求李四及保险公司赔偿各项损失,理由正当,对合理部分法院予以支持,对过高部分法院不予支持。法院判决:保险公司在机动车交通事故责任强制保险范围内,赔偿张大爷医疗费、误工费、护理费、残疾赔偿金、精神损害抚慰金、交通费、财产损失,于判决生效后7日内履行;保险公司在机动车第三者责任商业保险范围内,赔偿张大爷医疗费、住院伙食补助费、营养费,于判决生效后7日内履行;驳回张大爷的其他诉讼请求。

▷ 是非曲直

(一)发生交通事故可以主张哪些赔偿?

发生交通事故后,根据实际的人身及财产损伤情况,可以在合理范围内主张以下赔偿:

1. 医疗费:根据医疗机构出具的医药费、住院费等收款凭证,结合病历和诊断证明等相关证据确定。

2. 误工费:根据误工时间和收入状况确定。误工时间根据受害人接受治疗的医疗机构出具的证明确定;收入状况按照实际减少的收入计算。

3. 护理费:根据护理人员的收入状况和护理人数、护理期限确定。

4. 交通费:根据受害人及其必要的陪护人员因就医或者转院治疗实际发生的费用计算,应当以正式票据为凭证。

5. 住院伙食补助费:可以参照当地国家机关一般工作人员的出差伙食补助标准予以确定。

6. 营养费:根据伤残情况参照医疗机构的意见确定。

7. 残疾赔偿金:根据丧失劳动能力程度或者伤残等级,

按照受诉法院所在地上一年度城镇居民人均可支配收入标准确定。

8. 精神抚慰金：人身权益受到侵害（如本案被鉴定为符合十级伤残），可以提起精神损害赔偿，具体金额由法院按照相关规定，根据伤残情况裁量。

9. 财产损失：被损害车辆维修费、车辆所载物品损失、车辆重置费等费用可以主张财产损失。

（二）已过法定退休年龄，可以主张误工费吗？

根据《最高人民法院关于审理人身损害赔偿案件适用法律若干问题的解释》第七条的规定，误工费根据受害人的误工时间和收入状况确定。受害人有固定收入的，误工费按照实际减少的收入计算。受害人无固定收入的，按照其最近三年的平均收入计算；受害人不能举证证明其最近三年的平均收入状况的，可以参照受诉法院所在地相同或者相近行业上一年度职工的平均工资计算。因此，误工费在法律认定上并不受年龄的限制，在赔偿计算上也与年龄无关，虽然老年人已达退休年龄，但退休后如果因交通事故导致实际的工作收入减少，仍可以主张误工费，本案中的张大爷虽已达退休年龄，但仍具有劳动能力，即使在受伤时无固定收入或不能举证证明其收入状况，仍可参照行业或地区最低工资等标准认定误工费。

（三）医疗费非医保部分是否由保险公司承担？

本案中，保险公司主张与李四签订的机动车第三者责任商业保险合同约定不应承担张大爷医疗费中的非医保费用。但是，伤者住院治疗期间均由医生根据病情决定该使用何种药品及是否使用非医保用药，并非由患者、投保人决定，且超出基本医疗用药范围并不等于超过基本医疗保险同类医疗费用标准，对于基本医疗用药范围之外的医疗项目或用药，医保范围内有同种或者同功能替代性药品的，保险人应当按照基本医疗保险范围内的同类医疗费用标准赔付。本案中，保险公司并未举证证明张大爷的医疗费项目超出基本医疗保险同类医疗费用标准，所以保险公司主张不承担非医保费用的请求法院不予支持。

（四）交通事故由谁承担侵权责任？如何承担？

《民法典》第一千一百六十五条第一款规定，行为人因过错侵害他人民事权益造成损害的，应当承担侵权责任。结合《道路交通安全法》第七十六条相关规定，机动车发生交通事故造成人身伤亡、财产损失的，由保险公司在机动车第三者责任强制保险责任限额范围内予以赔偿；不足的部分，由当事人按照过错比例承担。因此，张大爷的损失由机动车交通事故责任强制保险先行赔偿，不足部分由机动车第三者责任商业险赔偿，若商业险仍不足，则由李四承担。

（五）因交通事故伤残或死亡，年迈的父母怎么办？

因交通事故伤残或死亡，受害人或其被扶养人可以主张被扶养人生活费。被扶养人是指受害人依法应当承担扶养义务的未成年人或者丧失劳动能力又无其他生活来源的成年近亲属。被扶养人生活费根据扶养人丧失劳动能力程度，按照受诉法院所在地上一年度城镇居民人均消费支出标准计算。被扶养人为未成年人的，计算至18周岁；被扶养人无劳动能力又无其他生活来源的，计算20年。但60周岁以上的，年龄每增加1岁减少1年；75周岁以上的，按5年计算。本案中，张大爷定残时其父亲张三已83周岁，因张三年事已高，体弱多病，无劳动能力、无生活来源，李四需支付5年被扶养人生活费。

法官提示

（一）发生交通事故要注意收集证据

《民事诉讼法》第六十七条第一款规定，当事人对自己提出的主张，有责任提供证据。无法提供证据或提供的证据不足以证明主张的，应当承担举证不能的法律后果，因交通事故侵权而主张的各项经济损失，法院依据双方提供的证据并采纳双方合理意见依法确认。因此，诉讼中需提供相关证据证明损失情况，要注意留存各项费用支出凭证及医嘱等相关材料，如交通事故责任认定书、诊断证明、住院病历、医疗费单据、护理费票据、交通费票据等，便于后续证明实际损失。

（二）交通肇事后千万不要有逃逸行为

《刑法》第一百三十三条规定，违反交通运输管理法规，因而发生重大事故，致人重伤、死亡或者使公私财产遭受重大损失的，处3年以下有期徒刑或者拘役；交通运输肇事后逃逸或者有其他特别恶劣情节的，处3年以上7年以下有期徒刑；因逃逸致人死亡的，处7年以上有期徒刑。"交通运输肇事后逃逸"，是指行为人在发生交通事故后，为逃避法律追究而逃跑的行为。交通肇事后逃逸的社会危害性更大，是对被害人生命安全不负责任的行为，被害人得不到及时救助可能发生伤残或死亡等严重后果。在交通肇事后为逃避法律追究，将被害人带离事故现场隐藏或者遗弃，致使被害人无法得到救助而死亡或者严重残疾的，以故意杀人罪或者故意伤害罪定罪处罚。因此，若发生交通事故，应将生命健康放在第一位，积极救助伤者或进行自救，降低交通事故产生的损害。

@ 法律链接

《中华人民共和国民法典》

第一千一百六十五条第一款 行为人因过错侵害他人民事权益造成损害的，应当承担侵权责任。

《中华人民共和国道路交通安全法》

第七十六条 机动车发生交通事故造成人身伤亡、财产损失的，由保险公司在机动车第三者责任强制保险责任限额范围内予以赔偿；不足的部分，按照下列规定承担赔偿责任：

（一）机动车之间发生交通事故的，由有过错的一方承担赔偿责任；双方都有过错的，按照各自过错的比例分担责任。

（二）机动车与非机动车驾驶人、行人之间发生交通事故，非机动车驾驶人、行人没有过错的，由机动车一方承担赔偿责任；有证据证明非机动车驾驶人、行人有过错的，根据过错程度适当减轻机动车一方的赔偿责任；机动车一方没有过错的，承担不超过百分之十的赔偿责任。

交通事故的损失是由非机动车驾驶人、行人故意碰撞机动车造成的，机动车一方不承担赔偿责任。

《最高人民法院关于审理人身损害赔偿案件适用法律若干问题的解释》

第七条　误工费根据受害人的误工时间和收入状况确定。

误工时间根据受害人接受治疗的医疗机构出具的证明确定。受害人因伤致残持续误工的，误工时间可以计算至定残日前一天。

受害人有固定收入的，误工费按照实际减少的收入计算。受害人无固定收入的，按照其最近三年的平均收入计算；受害人不能举证证明其最近三年的平均收入状况的，可以参照受诉法院所在地相同或者相近行业上一年度职工的平均工资计算。

案例二

六旬老人因工受伤，何人该担责？
——增强务工安全意识，合理维护自身权益

吴　欢[①]

劳动者为社会的发展作出了巨大的贡献，尤其是在当今多元化用工环境和老龄化趋势明显的情况下，越来越多的老年人进入劳动力市场，分布在各行各业中。当老年人在提供劳务过程中遭受人身损害时，根据法律规定，应当按照提供劳务方与接受劳务方各自的过错比例承担责任。换言之，提供劳务的老年人与雇主根据双方在事故中的过错比例承担事故责任。

[①] 吴欢，北京市延庆区人民法院执行局法官助理。

前因后果

（一）劳务分包引纠纷

李某需要建造民房，本想找具备资质的建筑公司承接工程，但李某打听到具备资质的建筑公司造价较高，斟酌再三后，选择与不具备建筑资质的王某达成了农村建房施工合同。

王某有一同乡方大爷，虽已年过六旬，但是一直跟随王某在建筑工地干活。这次，王某再次邀请方大爷到自己承包的李某家民房建设工地从事水泥工工作。

（二）防范失序事故生

一天，方大爷与其工友干活时，在三层高的脚手架上传递施工材料。方大爷因未将安全带系在脚手架上，不慎从脚手架上摔落到地面受伤。后方大爷被紧急送往医院，诊断为肋骨骨折、多处软组织挫伤。方大爷共计住院治疗17天，出院后，经鉴定被认定为伤残等级十级，护理期、误工期、营养期分别为180日、360日、90日。

（三）各方说法起争执

方大爷出院后，因无法与王某、李某就赔偿问题达成一致意见，将二人诉至法院，要求王某、李某赔偿其医疗费、护理费、误工费、营养费、住院伙食补助费、交通费、残疾赔偿金等共计 30 余万元。

庭审中，李某辩称，其与方大爷并不存在法律上的关系，自己也不认识方大爷，方大爷摔伤与自己无关，因此不同意承担赔偿责任。王某辩称，方大爷在施工过程中未按照规定将安全带系在脚手架上，由此导致事故发生，故应当由方大爷自担风险。自己对事故的发生不存在过错，不同意承担赔偿责任。

（四）法院认定化纠纷

法院经审理后认为，个人之间的劳务关系，提供劳务一方因劳务受到损害的，根据双方各自的过错承担相应的责任。本案中，方大爷在为王某提供劳务时受伤，王某作为接受劳务的一方，未在现场对方大爷的施工安全进行指导和提醒，未尽到安全管理义务，对方大爷的受伤有过错，应当承担与其过错相适应的民事责任。

而方大爷作为完全民事行为能力人，在工作中疏于安全防范，未将安全带系到脚手架上，属于未尽到安全注意义务，缺乏自我保护意识，自身也存在过错，因此方大爷也应当对自己的损害承担相应的责任。

李某将工程发包给不具备资质的王某，其选择施工主体时未尽到相应的注意义务，存在选任过错，也应承担相应的责任。根据案件的具体情况，法院酌定王某负担事故 50% 的责任，李某负担事故 30% 的责任，方大爷负担事故 20% 的责任。一审判决后，三人均认可该判决结果，没有上诉。

▶ 是非曲直

（一）雇主有义务为老年雇员提供安全保障，尽到安全管理义务

根据《民法典》第一千一百九十二条第一款的规定，个人之间形成劳务关系，提供劳务一方因劳务造成他人损害的，由接受劳务一方承担侵权责任。接受劳务一方承担侵权责任后，可以向有故意或者重大过失的提供劳务一方追偿。提供劳务一方因劳务受到损害的，根据双方各自的过错承担相应的责任。本案中，王某分包的工程为民房建设工程，其作为实际施工人不具备相应的资质，也不能提供有效的安全生产条件，故王某应当承担与其过错相适应的赔偿责任。

李某作为发包方，应对承包方是否具备相应资质进行审查，此为法律赋予其的注意义务。但李某因贪图便宜，在明知王某不具备相应资质的情况下，仍将工程发包给王某，因此，李某亦存在相应选任过错，应当对方大爷受伤承担与其过错相适应的赔偿责任。

（二）老年雇员有过错的，需要承担相应责任

本案中，方大爷是完全民事行为能力人，且长期从事民房

建设工作，应当预见到高空作业存在危险，但其在施工时未按规范使用安全带，自身存在一定过错，该过错系事故发生的直接原因，因此方大爷也应当对本次事故承担相应的责任。

（三）接受劳务一方承担侵权损害赔偿责任的范围

根据《民法典》第一千一百七十九条的规定，侵害他人造成人身损害的，应当赔偿医疗费、护理费、交通费、营养费、住院伙食补助费等为治疗和康复支出的合理费用，以及因误工减少的收入。造成残疾的，还应当赔偿辅助器具费和残疾赔偿金；造成死亡的，还应当赔偿丧葬费和死亡赔偿金。本案中，方大爷在提供劳务的过程中遭受人身损害，虽然王某、李某二人并未对方大爷实施直接的加害行为，但是方大爷是在为王某提供劳务的过程中受伤，而李某亦直接享受方大爷的劳动成果，根据法律规定，李某、王某均应当按照各自的过错比例赔偿方大爷医疗费、交通费、护理费、营养费、住院伙食补助费、误工费、残疾赔偿金等各项费用。

法官提示

（一）老年劳务提供者应严格遵守各项规章制度

提供劳务过程中，对提供劳务一方和接受劳务一方均有相应的安全要求，老年人因为年龄、身体、心理等各项因素，反应速度及对危险的处置能力一般弱于年轻人,因此,老年劳务提供者在提供劳务的过程中更应当严格遵守各项规章制度,从源头上避免事故的发生,做自己安全的第一责任人。

(二) 接受劳务一方需尽到安全管理义务

老年人本就属于社会中的弱势群体,在提供劳务的过程中更易出现各类问题。作为接受劳务一方更应当履行好自己的安全管理义务,落实好施工现场的安全保障,同时按照法律规定和行业规范提供相应的安全防护装备,从而避免相应事故的发生。

(三) 出现事故后,合理合法化解矛盾

老年人若不幸在提供劳务过程中受伤,首先可与接受劳务方进行商谈,若双方能够对各项赔偿费用达成一致,则省去了诉讼流程,节约了人力物力资源。若无法达成一致意见,老年人可通过合法途径维护自己的合法权益。侵权方承担损害赔偿的范围根据案件的不同情况而有所不同,一般而言需要赔偿受害方医疗费、交通费、护理费、误工费、营养费,若造成残疾,应当支付残疾赔偿金,造成死亡的,需要支付死亡赔偿金、丧葬费等费用。具体比例因各方在不同案件中所承担的责任比例不同而有所区别。

法律链接

《中华人民共和国民法典》

第一千一百七十九条 侵害他人造成人身损害的,应当赔偿医疗费、护理费、交通费、营养费、住院伙食补助费等为治疗和康复支出的合理费用,以及因误工减少的收入。造成残疾的,还应当赔偿辅助器具费和残疾赔偿金;造成死亡的,还应当赔偿丧葬费和死亡赔偿金。

第一千一百九十二条第一款 个人之间形成劳务关系,提供劳务一方因劳务造成他人损害的,由接受劳务一方承担侵权责任。接受劳务一方承担侵权责任后,可以向有故意或者重大过失的提供劳务一方追偿。提供劳务一方因劳务受到损害的,根据双方各自的过错承担相应的责任。

案例三

子女安装监控能否忽略父母隐私？

——防止引发"不安"之忧

袁 茜[①]

随着社会的发展和技术的进步，许多家庭保护人身和住宅安全的意识逐渐增强，监控摄像头也逐渐走入了家庭、社区。家用监控摄像头不仅拍摄范围广，而且清晰度高，使用者可以在手机上同步监控家门口的情况。有子女认为，为父母住所安装摄像头能够随时查看父母的生活状态，与他们拉近距离、交流情感，也能保护父母的安全，便于对老年人的日常生活起居进行照顾关怀。但也有老年人认为，自己的起居、出入情况被尽收眼底，会侵犯自己的隐私，给自己带来困扰，甚至因此产生纠纷而将子女告上法庭。那么，子女安装摄像头的行为是否会侵害父母的权利呢？该如何合理地使用家用监控摄像头呢？

---

① 袁茜，北京市延庆区人民法院审判管理办公室（研究室）法官助理。

前因后果

(一) 安装监控保安全

赵大爷是应某的公公,赵大爷与应某的住所相隔一巷道,斜向相邻。赵大爷已经 80 岁高龄,患有腿疾,走路常常绊倒摔跤,并伴有老年智力障碍,其儿子赵某已经去世,儿媳应某是赵大爷唯一的赡养人和监护人。应某为便于对赵大爷的日常生活起居进行照顾关怀,保护其人身、财产安全,在其住所安装了摄像头。如果赵大爷在生活起居中发生意外,应某可以在第一时间发现。其中,应某住所西灿墙安装有一只摄像头,由南向北监控通行巷道和本人住所西边门,另一只则置放于二楼楼梯窗台之上,角度朝西北方向可监控赵大爷的住所。赵大爷家中曾多次失窃,应某安装的摄像头为警方调查违法犯罪行为提供了有效线索。

(二) 要求拆除遭拒绝

两年后的一天,赵大爷发现了应某安装在西灿墙及置放于二楼窗台上的二只摄像头,可以拍摄到自己的通行巷道和住所门口,因而觉得自己受到了监视,心里十分不舒服。他认为,应某全天候、全方位对自己的活动以及其与亲戚、朋友的来往情况进行监视,目的就是监视和掌握自己的行为,该行为明显侵犯了自己的隐私权和行动自由权，于是通过 110 报警电话向派出所报案。赵大爷认为，应某安装摄像头的行为侵犯了自己的隐私权。应某则认为，自己安装摄像头是为了保护自己和赵大爷的生命财产安全，不同意拆除。沟通无果后，赵大爷以隐私权受到侵犯为由，将应某告上法庭，要求拆除摄像头。

（三）法院判决化矛盾

一审法院判决：应某在其房屋二楼窗台上置放的一只摄像头，只是为了预防危险的发生，权益保护的紧迫性不强，且该摄像头的监控范围可覆盖赵大爷住宅门口以及主要通道，安装摄像头的方式超出了合理的界限，应某的上述行为足以侵害赵大爷的隐私权。应某通过上述摄像头所采集的信息系为个人所用，并无证据证明对公共利益有益，也不利于相邻方的团结和睦，故赵大爷要求应某拆除该摄像头，合理合法，法院予以支持。但应某住所西灿墙安装的另一只摄像头，监控的范围仅覆盖部分公用通道和本人住所西边门，对赵大爷的隐私权不构成实质性影响。因此，对赵大爷关于拆除应某住所西灿墙摄像头的诉求，法院不予支持。赵大爷、应某不服一审判决，提出上诉。二审法院判决驳回上诉，维持原判。

▶ 是非曲直

（一）子女不得以维护安全为由侵犯父母隐私权

根据《民法典》第一千零三十二条的规定，自然人享有隐私权。任何组织或者个人不得以刺探、侵扰、泄露、公开等方式侵害他人的隐私权。隐私是自然人的私人生活安宁和不愿为他人知晓的私密空间、私密活动、私密信息。隐私权的核心属性为被自然人隐藏或不欲为外人所知晓，包括了私人生活安宁权，即个人享有独立生活不被他人打扰的权利。自然人在公共场所也享有一定的隐私权，这种隐私权可以理解为个人享有的在公共场所不被他人直窥、打扰、关注的权利。

本案中，虽然住宅门口以及通道不是私人空间，但是摄像头能够监控赵大爷出行的主要通道，事实上对赵大爷的日常出行进行了持续性的监视拍摄，在一定程度上记录和反映了赵大爷的个人活动与生活状况，妨害了其日常隐私，因此，法院判决应某拆除其房屋二楼窗台上置放的摄像头。

（二）子女未经允许安装监控侵犯父母个人信息权益

根据《民法典》第一千零三十四条的规定，自然人的个人信息受法律保护。个人信息是以电子或者其他方式记录的能够单独或者与其他信息结合识别特定自然人的各种信息，包括自然人的姓名、出生日期、身份证件号码、生物识别信息、住址、电话号码、电子邮箱、健康信息、行踪信息等。也就是说，自然人的行踪信息、面部特征、住址属于个人信息范畴，如果子女安装的监控摄像头较为清晰地采集到了父母的面部特征、出行状况、户内人员状况等个人信息，则存在侵犯父母个人信息权益的风险。

本案中，应某安装的摄像头监控的范围可覆盖赵大爷住宅门口以及主要通道，赵大爷或亲友出入住宅的相关信息，可能被应某摄录留存。此外，该摄像头可与手机APP连接，通过手机APP即时操作显示，可清晰拍摄到赵大爷每日的进出状况，人脸成像也非常清晰。应某未经赵大爷同意，摄录留存赵大爷的个人信息，缺乏合法性、正当性及必要性依据，使赵大爷的个人信息存在被泄露的风险，给赵大爷造成了不必要的困扰。

（三）在公共场所安装监控不成立侵权

公民在公共区域活动本身具有公开性。公民私人安装的监控摄像头拍摄范围属于公共区域而非私人区域，并且拍摄未超出合理限度，对方亦无法充分举证证明其隐私权受到损害的，不构成对公民隐私权的侵犯。当事人为了保护人身安全和财产安全而安装的监控摄像头，如果只能监控到公共区域，法院一般不会认定为侵犯他人隐私权。

本案中，应某住所西灿墙安装的一只摄像头，监控的范围仅覆盖部分公用通道和本人住所西边门，拍摄的范围属于公共区域，并未拍摄和监控到赵大爷的私密空间，对赵大爷的隐私权不构成实质性影响，而且相邻关系一方本来就有一定的容忍义务，因此，法院对赵大爷关于拆除被告住所西灿墙摄像头的诉求不予支持。根据"公共场所无隐私"的基本内涵，在监控摄像头只能拍摄到公共场所的情形下，他人的隐私权要让位于监控摄像头安装者用于保护自己人身、财产安全的需要。

法官提示

（一）莫将安全感建立在父母的不安之上

随着科技的进步，安全方便的家用监控摄像头越来越普及，为了保护人身、财产安全，只要不侵犯他人隐私和公共利益，法律并未明文禁止私人在家门口安装监控摄像头。但如果家用监控摄像头利用不当，极易引发"不安"之忧。尤其是安装如果未经相关权利人同意，对其生活空间形成事实上的监控，就会造成对隐私权的侵犯，法律必然给予否定性评价。可能有人像应某一样，认为自己出钱在自己房屋外墙安装摄像头的行为是个人自由，他人无权干涉。但这样的行为实际上忽视了对父母隐私权的保护，会对老年人的日常出行形成监视及数据记录，存在侵犯隐私之嫌。

那么，怎样在家门口安装监控摄像头才是合法的呢？如果确有安装必要，子女应当先与父母协商，在征得父母的同意后再行安装,以避免纠纷。子女在维护住宅安全的同时,切勿影响父母的生活安宁和私人信息安全,尊重父母隐私。安装监控摄像头时,需要注意避免摄像设备拍摄、窥视到老年人住所的私密空间,侵扰其私生活安宁,也不可以将拍摄的内容对外传播,否则就有可能承担相应的侵权责任。

(二) 防范老年人的个人信息泄露

《民法典》人格权编规定,个人信息是以电子或者其他方式记录的能够单独或者与其他信息结合识别特定自然人的各种信息,包括自然人的姓名、出生日期、身份证件号码、生物识别信息、住址、电话号码、电子邮箱、健康信息、行踪信息等。个人信息中的私密信息,适用有关隐私权的规定。处理个人信息的,应当遵循合法、正当、必要原则,不得过度处理。

自然人的行踪信息、面部特征、住址属于个人信息范畴,应某安装的摄像头较为清晰地采集到了赵大爷的面部特征、出行状况、户内人员状况等个人信息,并进行储存,应某该行为既未征得赵大爷的同意,也容易造成个人信息泄露,给赵大爷造成了不必要的困扰。此外,由于很多摄像头可与手机 APP 相连接以供用户实时查看,但手机 APP 系第三方公司开发,摄像头拍摄的内容亦会实时上传到第三方公司,也使得拍摄对象的个人信息存在泄露的风险。

法律链接

《中华人民共和国民法典》

第一百一十一条 自然人的个人信息受法律保护。任何组织或者个人需要获取他人个人信息的，应当依法取得并确保信息安全，不得非法收集、使用、加工、传输他人个人信息，不得非法买卖、提供或者公开他人个人信息。

第九百九十五条 人格权受到侵害的，受害人有权依照本法和其他法律的规定请求行为人承担民事责任。受害人的停止侵害、排除妨碍、消除危险、消除影响、恢复名誉、赔礼道歉请求权，不适用诉讼时效的规定。

第一千零三十二条 自然人享有隐私权。任何组织或者个人不得以刺探、侵扰、泄露、公开等方式侵害他人的隐私权。

隐私是自然人的私人生活安宁和不愿为他人知晓的私密空间、私密活动、私密信息。

第一千零三十三条 除法律另有规定或者权利人明确同意外，任何组织或者个人不得实施下列行为：

（一）以电话、短信、即时通讯工具、电子邮件、传单等方式侵扰他人的私人生活安宁；

（二）进入、拍摄、窥视他人的住宅、宾馆房间等私密空间；

（三）拍摄、窥视、窃听、公开他人的私密活动；

（四）拍摄、窥视他人身体的私密部位；

（五）处理他人的私密信息；

（六）以其他方式侵害他人的隐私权。

第一千零三十四条 自然人的个人信息受法律保护。

个人信息是以电子或者其他方式记录的能够单独或者与其他信息结合识别特定自然人的各种信息，包括自然人的姓名、出生日期、身份证件号码、生物识别信息、住址、电话号码、电子邮箱、健康信息、行踪信息等。

个人信息中的私密信息，适用有关隐私权的规定；没有规定的，适用有关个人信息保护的规定。

《中华人民共和国个人信息保护法》

第十条 任何组织、个人不得非法收集、使用、加工、传输他人个人信息，不得非法买卖、提供或者公开他人个人信息；不得从事危害国家安全、公共利益的个人信息处理活动。

第二十六条 在公共场所安装图像采集、个人身份识别设备，应当为维护公共安全所必需，遵守国家有关规定，并设置显著的提示标识。所收集的个人图像、身份识别信息只能用于维护公共安全的目的，不得用于其他目的；取得个人单独同意的除外。

案例四

老年人遭受虐待该怎么办？
——人身安全保护令可用于制止虐待行为

吕 明[1]

成年子女对父母负有赡养、扶助和保护的法定义务。子女应当在经济上供养、生活上照料、精神上慰藉父母，照顾老年人的特殊需求。禁止对老年人实施虐待，否则不仅违反法律规定，情节严重者甚至可能构成犯罪，被追究刑事责任。当子女谩骂、殴打、虐待父母的情况发生时，法院可以作出人身安全保护令，对子女的行为加以制止，保障老年人的合法权益。

---

[1] 吕明，北京市延庆区人民法院民事审判一庭（环境资源审判庭）法官。

前因后果

(一) 拒不赡养起纷争

孙大爷与其妻王某（已故）育有四个子女，分别为孙甲、孙乙、孙丙、孙丁。随着年龄的增长，孙大爷丧失了劳动能力，除每个月的低保金320元外，没有其他经济来源，日常生活需要子女照顾。此后，孙大爷轮流在除孙甲外的其他子女处居住生活。因为其他子女经济情况一般，住房较为紧张，孙大爷遂要求孙甲支付赡养费，并解决其居住问题。但孙甲以孙大爷已有其他子女赡养为由，拒不履行赡养义务。

(二) 威胁谩骂不安宁

这之后，孙甲因对孙大爷提出的要求不满，经常用激烈言辞对孙大爷进行言语威胁、谩骂，致使孙大爷产生精神恐惧，情绪紧张。后孙大爷诉至法院，要求孙甲支付赡养费，并解决其居住问题。经法院多次通知，孙甲仍不到庭应诉，反而对孙大爷恫吓威胁，致使孙大爷终日处在恐惧之中。孙大爷遂在诉讼期间向法院申请人身安全保护令，要求法院采取措施，制止孙甲对自己的威胁、谩骂、侮辱行为。

（三）法院裁定止恶行

针对孙大爷提出的人身安全保护令申请，法院经审理认为，孙甲经常对孙大爷进行言语威胁、谩骂，导致孙大爷终日生活在恐惧之中，故其申请符合法律规定，应予支持。法院裁定：禁止孙甲对孙大爷采取言语威胁、谩骂、侮辱以及可能导致孙大爷产生心理恐惧、担心、害怕的其他行为。同时，法院对孙甲进行了训诫，告知其在人身安全保护令有效期内，若有上述行为，则视情节轻重对其采取拘留、罚款等强制措施。经跟踪回访，孙甲对孙大爷再无威胁行为。针对孙大爷请求孙甲履行赡养义务的主张，法院判决孙甲每月向孙大爷支付赡养费600元。

▷ 是非曲直

（一）言语侮辱、贬损人格属于虐待行为

虐待，是指经常故意地折磨、摧残家庭成员，使其在肉体上或精神上蒙受损害的行为。虐待包括身体虐待、精神虐待、经济剥削或物质虐待、疏于照顾等，可以是积极、作为的方式，如殴打、恐吓、强迫过度劳动、限制人身自由等；也可以是消极、不作为的方式，如不予衣食、任其冻饿、患病不给治疗等。长期使用贬低人格尊严、自身价值的言语攻击老年人，属于精神虐待。虐待行为会给老年人的身心健康造成严重负面影响,身体方面可导致老人躯体功能降低、患慢性疾病、终身残疾甚至死亡,精神方面可能造成长期抑郁、焦虑、恐惧等心理后果。

(二)法律明确禁止虐待老年人

子女对父母有赡养扶助的义务,不能以行为和言语侮辱、威胁父母,更不能殴打、辱骂父母。多部法律明确规定禁止虐待老年人,《宪法》第四十九条第四款规定:"禁止破坏婚姻自由,禁止虐待老人、妇女和儿童。"《民法典》第一千零四十二条第三款规定:"禁止家庭暴力。禁止家庭成员间的虐待和遗弃。"《老年人权益保障法》第三条第三款规定:"禁止歧视、侮辱、虐待或者遗弃老年人。"《反家庭暴力法》第三条第三款规定:"国家禁止任何形式的家庭暴力。"第五条第三款规定:"未成年人、老年人、残疾人、孕期和哺乳期的妇女、重病患者遭受家庭暴力的,应当给予特殊保护。"

(三)子女虐待父母应承担法律责任

虐待行为严重损害老年人的身心健康。对于子女虐待父母的行为,如情节较轻、依法不予治安管理处罚,由公安机关给予批评教育或者出具告诫书,责令其改正错误;如构成违反治安管理行为,由公安机关依法给予治安管理处罚;如情节恶劣,构成《刑法》第二百六十条规定的虐待罪,依法应处2年以下有期徒刑、拘役或者管制。虐待罪是告诉才处理的犯罪,但被害人没有能力告诉，或者因受到强制、威吓无法告诉的除外。情节恶劣通常是指虐待手段残忍；持续时间长、次数较多；虐待造成老年人轻微伤或者患较严重疾病；对老年人实施较为严重的虐待行为等。因虐待罪致使老年人重伤、死亡的，处2年以上7年以下有期徒刑，且不再属于告诉才处理的情形，检察机关可提起公诉。

法官提示

（一）遭受虐待老年人的求助路径

遭受虐待的老年人及其法定代理人、近亲属，可以向施虐者或者老年人所在居委会、村委会、妇联等单位投诉、反映或者求助，也可以向公安机关报案或者依法向法院起诉，相关单位依法负有帮助、处理的义务。如果实施虐待行为的子女是老年人的监护人，老年人的近亲属、居民委员会、村民委员会、县级人民政府民政部门等有关人员或者单位可以向法院申请依法撤销其子女的监护人资格，另行指定监护人。除子女外负有监护、看护职责的人，如护工、敬老院看护人员、保姆等，对老年人实施虐待、殴打的，老年人及其近亲属同样可以向民政部门、公安机关、司法机关、居委会、村委会等单位寻求帮助。

（二）人身安全保护令可用于制止虐待行为

人身安全保护令是法院为了保护家庭暴力受害人及其子女和特定亲属的人身安全而采取的一种民事强制措施，多应用于婚姻关系当事人之间。由于现实生活中子女谩骂、殴打、虐待老年人的情况时有发生，有悖社会公德，法院可以作出人身安全保护令对子女的行为加以制止，以保障老年人不受侵害。遭受子女虐待的老年人可以向其居住地、子女居住地、虐待行为发生地的基层人民法院申请人身安全保护令。如老年人因年老、残疾、重病或者受到强制、威吓等原因无法申请的，其近亲属、公安机关、妇联、居委会、村委会、救助管理机构可以代为申请。法院受理申请后，会在 72 小时内作出裁定，情况紧急的，在 24 小时内作出。

人身安全保护令可以包括下列措施：1. 禁止被申请人实施家庭暴力；2. 禁止被申请人骚扰、跟踪、接触申请人及其相关近亲属；3. 责令被申请人迁出申请人住所；4. 保护申请人人身安全的其他措施。其他措施包括：1. 禁止被申请人以电话、短信、即时通讯工具、电子邮件等方式侮辱、诽谤、威胁申请人及其相关近亲属；2. 禁止被申请人在申请人及其相关近亲属的住所、学校、工作单位等经常出入场所的一定范围内从事可能影响申请人及其相关近亲属正常生活、学习、工作的活动。人身安全保护令自作出之日起生效，有效期不超过 6 个月，在人身安全保护令失效前，申请人可以向法院申请撤销、变更或者延长。

法律链接

《中华人民共和国宪法》

第四十九条第四款 禁止破坏婚姻自由,禁止虐待老人、妇女和儿童。

《中华人民共和国民法典》

第一千零四十一条第三款 保护妇女、未成年人、老年人、残疾人的合法权益。

第一千零四十二条第三款 禁止家庭暴力。禁止家庭成员间的虐待和遗弃。

《中华人民共和国老年人权益保障法》

第三条 国家保障老年人依法享有的权益。

老年人有从国家和社会获得物质帮助的权利,有享受社会服务和社会优待的权利,有参与社会发展和共享发展成果的权利。

禁止歧视、侮辱、虐待或者遗弃老年人。

第二十五条 禁止对老年人实施家庭暴力。

第七十六条 干涉老年人婚姻自由,对老年人负有赡养义务、扶养义务而拒绝赡养、扶养,虐待老年人或者对老年人实施家庭暴力的,由有关单位给予批评教育;构成违反治安管理行为的,依法给予治安管理处罚;构成犯罪的,依法追究刑事责任。

《中华人民共和国反家庭暴力法》

第二条 本法所称家庭暴力,是指家庭成员之间以殴打、捆绑、残害、限制人身自由以及经常性谩骂、恐吓等方式实施的身体、精神等侵害行为。

第五条第三款 未成年人、老年人、残疾人、孕期和哺乳期的妇女、重病患者遭受家庭暴力的,应当给予特殊保护。

第二十三条 当事人因遭受家庭暴力或者面临家庭暴力的现实危险,向人民法院申请人身安全保护令的,人民法院应当受理。

当事人是无民事行为能力人、限制民事行为能力人,或者因受到强制、威吓等原因无法申请人身安全保护令的,其近亲属、公安机关、妇女联合会、居民委员会、村民委员会、救助管理机构可以代为申请。

《中华人民共和国刑法》

第二百六十条 虐待家庭成员,情节恶劣的,处二年以下有期徒刑、拘役或者管制。

犯前款罪,致使被害人重伤、死亡的,处二年以上七年以下有期徒刑。

第一款罪,告诉的才处理,但被害人没有能力告诉,或者因受到强制、威吓无法告诉的除外。

第二百六十条之一 对未成年人、老年人、患病的人、残疾人等负有监护、看护职责的人虐待被监护、看护的人,情节恶劣的,处三年以下有期徒刑或者拘役。

单位犯前款罪的,对单位判处罚金,并对其直接负责的主管人员和其他直接责任人员,依照前款的规定处罚。

有第一款行为,同时构成其他犯罪的,依照处罚较重的规定定罪处罚。

案例五

遗弃养父，是否"遗弃"了自己的人生？
——遗弃罪的构成要件介绍

林益涵[①]

"孝"既是中华民族的传统美德，也是我们每个人为人处世的立身之本。在中华民族的传统文化里，"孝"不仅是一种道德评价，更是一项法律制约。而最基本的"孝"就是要求对年老的父母履行必要的赡养义务，不遗弃父母。自古以来，历代对遗弃行为均予以严厉惩处。从汉朝、北魏的法律开始，直至唐朝《唐律疏议》，发展形成了较为完善的"供养有阙"制度，遗弃属于唐律"十恶"中的不孝罪之一，其大意为在家庭经济条件允许的情况下，不对祖父母、父母进行适当的供养，将构成犯罪。现如今，我国社会主义法律体系同样对遗弃行为在法律层面上进行严厉打击，旨在强化老年人权益法律保障，让老年人安享幸福晚年。

---

① 林益涵，北京市延庆区人民法院民事审判一庭（环境资源审判庭）法官。

前因后果

（一）收养长子数十年

40多年前，赵大爷与妻子结婚5年后依然没有生育自己的孩子，于是，两人在当地民政局的帮助下收养了未满周岁的赵甲。后来，赵大爷夫妇又生育了自己的儿子赵乙。虽然有了亲生儿子，但多年来，赵大爷夫妇依然对赵甲视如己出，细心呵护，在赵甲长大成人后还帮着张罗买房、娶妻，并帮忙带孩子和操持家务。

（二）签订协议不来往

然而，随着时间的推移，两代人慢慢因为金钱、思想观念、生活习惯等琐事产生矛盾，且愈演愈烈，逐渐无法共同生活。老两口儿在伤心之下与赵甲签订了一份协议，主要内容为："1. 赵大爷夫妇今后同次子赵乙共同居住，由赵乙负责赡养并照顾百年；2. 长子赵甲不再承担赡养父母的一切经济费用，且不过问父母的经济情况；3. 赵大爷夫妇百年后的全部遗产由次子赵乙继承。"协议签订后，赵甲与赵大爷夫妇之间来往越来越少。

(三) 病榻之前无孝子

原以为,一家人从此就拆散成两家人,不会再有交集。岂料两年后,次子赵乙因一次交通事故意外离世。在赵乙的葬礼现场,赵大爷夫妇再次和赵甲发生了争吵,双方积怨加深,从此基本断了来往,连逢年过节也不再互相问候。此后,赵大爷的妻子因次子的意外离世和长子的不闻不问终日郁郁寡欢,不久就因病离开了人世。赵大爷也因家庭变故身心俱疲,患上了高血压、心脏病等多种疾病,身体每况愈下。后来,赵大爷实在无法自己独立生活,需要人照顾,又没有经济条件请护工,只好联系赵甲,希望赵甲能看在多年养育之恩的分儿上帮助自己安度晚年。一开始,赵甲以协议约定不再赡养为由拒绝。后来,在村委会的协调下,赵甲同意资助一部分金钱,让赵大爷在养老院生活。但赵大爷在养老院住了半年后,赵甲便不肯再给赵大爷续交养老院费用,不久后便"人间蒸发",养老院的工作人员也无法联系上赵甲。赵大爷在养老院又住了两年后病情恶化,养老院将其送至医院抢救,医院虽然将赵大爷抢救回来,却一直联系不到赵大爷的家属。无奈之下,医院报警请求公安部门联系到了赵甲。赵甲口头上答应去照顾赵大爷,但一直未现身。赵大爷在医院住院7个月后,最终憾然离世。

(四) 遗弃养父被判刑

赵大爷离世后,公安机关对赵甲以涉嫌遗弃罪进行立案侦查,后移送检察机关提起公诉。开庭时,赵甲以赵大爷并非自己的亲生父亲，且与自己签订了放弃赡养和继承的协议为由，辩称自己对赵大爷已经没有赡养义务，赵大爷的去世与自己没有关系，不构成遗弃罪。

法院经审理认为，赵大爷夫妇对赵甲自幼收养，悉心照顾，抚养成人，已经形成了事实上的收养关系。成年子女对缺乏劳动能力或者生活困难的父母有赡养扶助的义务，该赡养义务同样适用于养子女和养父母之间。赵甲虽然和养父母签订了放弃赡养和继承的协议，但赡养义务属于子女与父母之间法定的义务，该协议中关于放弃赡养的部分违背法律强制性规定，故依法认定为无效。赵甲多年来对养父赵大爷在物质上和精神上不闻不问、冷漠淡薄，导致赵大爷生病无人照拂，其遗弃行为使赵大爷身体健康状况日渐恶化，最终医治无效离世。法院认为赵甲的遗弃行为情节恶劣，公诉机关指控事实清楚，证据确实、充分，根据《刑法》第二百六十一条之规定，以遗弃罪判处赵甲有期徒刑1年。

赵甲怎么也想不到，原以为只是自己的家务事，却最终触犯了刑法。在看守所中，面对冰冷的铁窗，回忆起小时候养父母的养育之恩，赵甲不禁放声痛哭，懊悔不已。

▷ 是非曲直

赡养，是指子女或晚辈对父母或长辈在物质上和生活上的帮助，主要包括履行对老年人经济上供养、生活上照料和精神上慰藉的义务，照顾老年人的特殊需要。对老年人拒不履行应尽的赡养义务，情节严重的，就可能构成遗弃罪。

(一) 什么是赡养义务？

根据法律规定，赡养的对象为需要赡养的父母或长辈。

1. 成年子女对父母负有赡养义务。只要是有赡养能力的成年子女，无论男女，无论是否结婚，都负有对父母的赡养义务。这种权利义务关系不仅适用于婚生子女与父母间，也适用于非婚生子女与生父母间，还适用于养子女与养父母间和形成了抚养教育关系的继子女与继父母间。应当注意的是，按照法律规定，如果成年子女确实经济能力较差，无给付赡养费能力，虽然可以因此免除给付赡养费的义务，但生活上的照料、精神上的慰藉义务并不能免除。本案中，赵甲从小由赵大爷夫妇收养并抚养成人，双方已形成了法律上的养子女与养父母的关系，因此赵甲对赵大爷负有法定的赡养义务。

2. 晚辈对长辈的赡养义务。晚辈对长辈的赡养义务主要体现在孙子女、外孙子女与祖父母、外祖父母之间。按照法律规定，有负担能力的孙子女、外孙子女，对于子女已经死亡或者子女无力赡养的祖父母、外祖父母，有赡养义务。此处的赡养关系形成需要具备两个条件：一是孙子女、外孙子女已经成年，且有负担赡养的能力；二是祖父母、外祖父母的子女已经死亡或者子女无力赡养。

3. 赡养义务能否因协议而免除？赡养义务具有法定强制性，一般情况下是不可以免除的，更不能仅因协议而免除。法定的免除赡养义务的情形仅包括：（1）未婚或离异的成年子女无经济收入、丧失劳动力或不能独立生活。（2）已婚的成年子女本身无经济收入，其家庭的收入不足以维持当地基本生活水平。（3）父母对子女有严重犯罪行为。例如，父母有杀害子女、严重虐待子女、遗弃子女或强奸女儿等行为，丧失了要求被害子女赡养的权利，对子女来说就可以免除赡养义务，但如果被害子女自愿赡养，法律并不禁止。（4）子女被他人收养，与收养人形成收养关系后，子女与生父母的父母子女关系消除，子女对生父母不承担赡养义务。本案中，赵甲虽然与赵大爷签订了放弃赡养和继承的协议，但该协议中关于放弃赡养的部分是违背法律强制性规定的，属于无效的约定。对于赵大爷来说，他有权放弃要求赵甲进行赡养的权利，但该权利并非一时放弃就不能再取得，在赵大爷放弃赡养权利的这段时间内，赵甲可以暂时性地免除对赵大爷的赡养义务，但赵大爷依然可以随时要求赵甲恢复对自己的赡养。

4. 赡养不仅包括物质赡养，还包括精神赡养。根据法律规定，赡养人应当履行对老年人经济上供养、生活上照料和精神上慰藉的义务，照顾老年人的特殊需要。经济上供养，即物质和金钱上的供给，用以保障老年人的物质生活条件，基本满足老年人的日常生活需求。生活上照料，即对老年人日常衣食住行等方面的安排与照顾，使老年人的晚年生活没有后顾之忧。精神上慰藉，即与老年人进行思想沟通和交流，尊重和爱护老年人，满足老年人的精神需求，保障老年人有稳定的家庭关系和情感归属，提高老年人的生活安全感和幸福感。本案中，赵甲对赵大爷的遗弃行为，不仅使赵大爷的物质生活得不到保障，更使赵大爷的精神受到打击，严重侵害了赵大爷的物质权益和精神权益。

(二) 什么是遗弃罪？

1. 遗弃罪的构成要件。遗弃罪规定于《刑法》第二百六十一条，是否构成遗弃罪，应当从以下四个方面进行判断。

首先，从主体上看，遗弃罪的主体属于特殊主体，必须是对被遗弃者负有法律上的扶养义务而且具有扶养能力的人。本案中，赵甲作为赵大爷的养子，对赵大爷负有赡养义务且具有赡养能力，符合构成遗弃罪的主体要件。

其次，从客体要件上看，遗弃罪侵犯的客体是被遗弃者在家庭成员中的平等权利，侵害对象通常为年老、年幼、患病或者其他没有独立生活能力的家庭成员。本案中，赵大爷年事已高，且患有高血压、心脏病等疾病，失去了独立生活的能力，赵甲的遗弃行为直接导致赵大爷的基本生活无法得到保障，侵害了赵大爷的合法权益。

再次，从主观要件上看，遗弃罪在主观方面表现为故意，即行为人明知自己应履行扶养义务而拒绝扶养。本案中，赵甲因与养父赵大爷关系不好，以双方约定放弃赡养义务为由拒绝赡养，符合遗弃罪的主观要件。

最后，从客观要件上看，遗弃罪在客观方面表现为对年老、年幼、患病或者其他没有独立生活能力的家庭成员，应当扶养而拒不扶养，情节恶劣的行为。遗弃罪是纯正的不作为犯罪，是行为人不履行自己应尽的扶养义务，放任遗弃对象处于生活无助状态。本案中，赵大爷虽有生活来源，但因年老多病，生活不能自理，赵甲具有赡养能力，却多年对养父不闻不问，拒绝与养父来往，甚至在被公安机关批评教育后依然无动于衷，最终导致赵大爷被遗弃在养老院、医院后去世，其行为情节恶劣，符合遗弃罪的客观要件。

2. 遗弃罪的法律后果。根据《刑法》规定，构成遗弃罪的，处5年以下有期徒刑、拘役或者管制。值得注意的是，行为人故意抛弃不能独立生活的扶养义务人，导致其身体、生命遭受损害的，则可能构成故意伤害罪、故意杀人罪。比如，子女将行动不便的父母遗弃在人迹罕至的荒山野岭，导致其死亡的，应以故意杀人罪论处。

3. 遗弃罪的追诉方式。遗弃罪可以通过公诉或者自诉的方式追诉。根据法律规定，遗弃罪原则上是公诉案件，只有在检察院没有提起公诉，被害人有证据证明被告人犯有遗弃罪的时候，法院才能作为自诉案件受理。因此，如果检察院没有提起公诉，被害人或其法定代理人、近亲属及其诉讼代理人在法定的起诉时效期限内，可以以书面或口头的方式向有管辖权的法院提起自诉。自诉一般需以书面的形式向法院呈递刑事自诉状，主要应包括自诉人、被告人基本情况，被告人犯罪行为、后果，自诉人的诉讼请求，主要证据等内容。自诉人书写自诉状确有困难的，也可以口头告诉，由法院工作人员作出告诉笔录，向自诉人宣读，自诉人确认无误后签名或盖章。

法官提示

遗弃不仅使老年人晚年生活的物质条件无法得到保障，更会造成老年人精神需求的严重缺失，给老年人身心带来巨大伤害。随着当今社会"空巢老人"群体的增加，遗弃老年人的现象亦时有发生，成为整个社会应共同面对和解决的难题。实践中，可以从以下三点出发，帮助老年人及时维权，从源头上防范遗弃现象的发生。

（一）及时介入调解，充分发挥基层群众组织的帮教扶助作用

养老问题不仅是家庭问题，更是社会问题，需要全社会协同发力。居委会、村委会等基层组织应及时关注片区老年人的生活状况和养老需求，在老年人需要帮助时第一时间介入，必要时可以请求老龄委、民政部门、人民调解组织等参与协助。例如，在老年人和子女之间发生家庭矛盾时，应及时介入调解，消除双方的心结，促进家庭情感复原，让子女发自内心地愿意履行赡养的义务，避免矛盾愈演愈烈导致遗弃发生；在子女拒不履行赡养义务时，及时介入对子女进行批评教育，做思想工作，协助督促子女积极履行赡养义务。

(二) 面对遗弃行为，鼓励老年人积极运用法律武器依法维权

如今，"常回家看看"已经写入法律，遇到子女拒不履行赡养义务甚至遗弃的行为，应鼓励老年人拿起法律武器依法维权。老年人的思想观念也应当及时转变，不要把子女的"不孝"行为仅当作"家丑"，耻于外扬，应当认识到只有勇于拿起法律武器，直面问题、解决问题，才有机会让家庭重归和谐，保障自己的晚年生活。具体来说，老年人面对子女的遗弃，首先可以请求公安机关介入，通过行政拘留、罚款等手段对子女进行震慑教育；如果子女依然不肯悔改，达到了遗弃罪的标准，老年人可以通过请求检察院提起公诉，或者向法院提起刑事自诉的手段，追究子女遗弃罪的刑事责任。

(三) 加强宣传教育，将社会主义核心价值观融入家风建设

俗话说，"家有一老，如有一宝"。应进一步加强家风家德建设，让子女充分认识到不履行赡养义务，不仅为道德所不耻，更为法律所不容。同时还要认识到，赡养不仅是保护老年人合法权益的基本要求，更是维护家庭和谐的重要保障。老年人的物质、精神需求得到满足，感到晚年快乐幸福，同样会用自身的感情去付出和回报家庭，形成良性循环。子女应当经常和父母沟通交流，多探望、多陪伴，在日常生活中多倾听父母的想法和意见，了解父母的养老需求，树立起尊老敬老的家庭

风尚。同时,老年人也应当多体谅子女创业养家的艰辛,多展现老一辈仁慈、和蔼的品格,多关心关爱子女及其家庭成员,力所能及地为家庭建设作出贡献。

父母在,人生尚有来处;父母不在,人生只剩归途。我们每个人从呱呱坠地到长大成人,父母都付出了毕生的心血。父母用风华正茂的青年、中年时光帮助子女健康成长,在父母年老时,子女应当用感恩之心予以报答和回馈。让我们牢记亲情与孝道,共同向"遗弃"说不,为辛苦一辈子的父母营造安定、和谐、幸福的晚年生活。

法律链接

《中华人民共和国宪法》

第四十九条第三款 父母有抚养教育未成年子女的义务,成年子女有赡养扶助父母的义务。

《中华人民共和国刑法》

第二百六十一条 对于年老、年幼、患病或者其他没有独立生活能力的人,负有扶养义务而拒绝扶养,情节恶劣的,处五年以下有期徒刑、拘役或者管制。

《中华人民共和国民法典》

第二十六条第二款 成年子女对父母负有赡养、扶助和保护的义务。

第一千零四十二条第三款 禁止家庭暴力。禁止家庭成员间的虐待和遗弃。

《中华人民共和国老年人权益保障法》

第十三条 老年人养老以居家为基础,家庭成员应当尊重、关心和照料老年人。

第十四条第一款 赡养人应当履行对老年人经济上供养、生活上照料和精神上慰藉的义务,照顾老年人的特殊需要。

第十八条第一款 家庭成员应当关心老年人的精神需求,不得忽视、冷落老年人。

第二款 与老年人分开居住的家庭成员,应当经常看望或者问候老年人。

小　结

  对于整个社会而言，老去的先辈曾是时代的建设者，对于每一个家庭而言，老去的父母曾是家庭的奉献者。无论从哪一个角度讲，每位老年人都应"老有所养、老有所依、老有所乐、老有所安"。社会不仅应当为老年人提供富足的物质生活，更应当尊重呵护其精神需求、个人隐私等。当老年人不幸遭遇交通事故或者务工时遭受身体伤害时，可以寻求法律的帮助，要求侵权人承担相应的医疗费、营养费、误工费、交通费等各项损失。若老年人遭受子女的虐待，可申请人身安全保护令，若遭受遗弃，可以寻求公安机关或者检察机关、法院等的帮助，依法追究子女的行政责任甚至刑事责任。愿天下的老年人都能有一个幸福安稳的晚年。

居住保障编

引　言

　　目前，我国老龄化程度加深，让老年人"老有所居、安度晚年"对于维护社会稳定具有重要意义。然而，实践中老年人在居住条件保障方面经常遇到一些问题。有的老年人为子女出资购买房屋，晚年却被子女赶出家门；有的老年人晚年再婚本以为可以安定生活，另一半离世后却深陷被继子女赶出家门的困境；有的老年人为了看病就医不得不出售房屋，因此流离失所。面对上述问题，如何保障老年人"老有所居"？《民法典》首次规定居住权，对于满足特定人群的居住需求意义重大。本编围绕居住权相关典型案例详细展开。

案例一

赡养费和居住权只能"二选一"？
——子女不得以支付赡养费为由剥夺父母的居住权

彭祥青[1]

习近平总书记说，要把弘扬孝亲敬老纳入社会主义核心价值观宣传教育，建设具有民族特色、时代特征的孝亲敬老文化。[2] 让所有老年人都能老有所养、老有所依、老有所乐、老有所安。[3] 尊重和保障老年人的居住权是我国法律规定的子女应尽的义务，子女应妥善解决父母的住房问题。子女对父母的赡养义务包括经济上供养、生活上照料和精神上慰藉及满足其他特殊需要等多个方面。为老年人设立居住权是为了解决其生活困难，具有扶危解困的救助性质，保障了老年人的基本生存

---

[1] 彭祥青，北京市延庆区人民法院立案庭（诉讼服务中心）法官助理。
[2] 《习近平强调推动老龄事业全面协调可持续发展》，载《人民日报》2016年5月29日。
[3] 《温暖，一切为了人民的期盼——重访习近平总书记党的十八大以来国内考察地》，载新华社，2017年10月6日。

权利，子女不得以已经履行了某一种形式的赡养义务为由，剥夺父母的居住权。

前因后果

(一) 父亲未履诺为长子盖新房埋隐患

张大爷与武大妈夫妻俩共有三个儿女，分别是长子张甲、次子张乙、女儿张丙，现三个儿女均已成家立户，独立生活。早年，张大爷购买了同村村民张某某的房屋，此后，张大爷与武大妈一直在此居住。张甲结婚时，张大爷曾承诺为张甲盖新房，但后来因为各种原因未能履行承诺。几年后，张甲经过乡镇两级政府批准，出资对张大爷与武大妈居住的房屋进行了翻建，并办理了房屋所有权证，将房屋登记在自己名下。张大爷一直居住在张甲翻建的房屋中。

(二) 父亲再婚加深父子嫌隙

又过了几年，武大妈病逝。不久后，张大爷再婚，与再婚的老伴儿一起居住在张甲翻建的房屋中。母亲病逝不久，张大爷就再婚并带新的老伴儿一起与张甲共同居住，张甲心中虽有不满，但碍于情面，未曾驱赶两位老人，仍然一起居住。

(三) 父亲起诉长子主张赡养费激化矛盾

张大爷在武大妈去世后，曾与三名子女约定，由三名子女每月各给付张大爷200元赡养费，以供张大爷生活。随着年龄的增长，张大爷身体状况变差，被确定为肢体残疾人，还患有糖尿病、脑梗死、高血压。因此，张大爷与三名子女再次协商赡养费问题，张乙与张丙均同意根据张大爷的实际需要增加赡养费，但张甲认为张大爷曾许诺为自己结婚盖新房，却未履行承诺，且张大爷自己有经济来源，不同意增加赡养费，故张大爷仅针对张甲提起赡养纠纷诉讼。法院经审理判决张甲每月28日前给付张大爷赡养费600元，并认定张大爷在张甲所有的房屋中享有继续居住的权利。

(四) 赶走父亲以房租支付赡养费再引纠纷

然而判决后，张甲趁张大爷外出时，将张大爷的衣服、被褥等物品扔出门外，为了不让张大爷居住，还将房屋门锁住。张大爷无处居住，只能暂时借住在邻居亲友家里。张大爷认为张甲的行为侵犯了自己的居住权，为了维护自身的合法权益，再次诉至法院。

张甲认为，自己的妻子和儿子都没有工作，家庭状况不好，法院判令的600元赡养费过高，超出了自己家庭经济能力的承受范围，张甲决定将张大爷一直居住的房屋出租，用赚取的租金支付赡养费。张大爷还有张乙、张丙两个子女，张乙、张丙也有义务为张大爷提供住所，张大爷并不会无处居住，因此不同意张大爷主张房屋居住权的诉讼请求。

(五) 法院判决认定父亲居住权

法院最终判决：在张大爷与张甲此前的赡养费纠纷案件中，法院曾认定张大爷在张甲所有的房屋中享有继续居住的权利。宣判后张甲提起上诉，后被判决驳回上诉，维持原判。因此，在张大爷与张甲此次的居住权纠纷案件中，判决张大爷对登记在张甲名下的房屋享有居住权，张甲未再上诉。

▶ 是非曲直

（一）子女保障父母居住权是履行赡养义务的形式之一

根据《老年人权益保障法》第十三条、第十四条、第十五条、第十六条的规定，老年人养老以居家为基础，家庭成员应当尊重、关心和照料老年人。赡养人应当履行对老年人经济上供养、生活上照料和精神上慰藉的义务，照顾老年人的特殊需要；应当使患病的老年人及时得到治疗和护理；对经济困难的老年人，应当提供医疗费用；应当妥善安排老年人的住房，不得强迫老年人居住或者迁居条件低劣的房屋。

本案中，张大爷因年事已高，肢体残疾且患病，向张甲主张增加赡养费，是张大爷的法定权利，但张甲不仅不同意履行赡养义务，在经过法院判决认定应支付赡养费后，还以驱赶张大爷并出租张大爷一直居住的房屋的方式赚取租金冲抵赡养费,这种做法不仅未能使其赡养义务得到履行,还侵犯了张大爷的居住权,是侵犯老年人合法权益的行为。保障老年人的居住权是子女应当履行赡养义务的形式之一,与其他形式的赡养义务不是非此即彼的关系,更不能"二选一",子女应当按照父母的实际需求全面履行赡养义务。

(二)子女不得以父母未提供婚房为由剥夺父母居住权

根据《民法典》第二十六条的规定,父母对未成年子女负有抚养、教育和保护的义务。成年子女对父母负有赡养、扶助和保护的义务。

本案中,张甲结婚时已经成年,张大爷已经履行了对张甲的抚养、教育和保护的义务。张大爷在经济能力允许的情况下可以为张甲盖新房,但许诺为张甲盖新房结婚是张大爷帮衬张甲,减轻其生活负担的愿望与期许,不是张大爷的法定义务。张甲作为成年人,在张大爷年老时负有赡养义务,保障张大爷对登记在张甲名下的房屋的居住权是张甲应尽的赡养义务,张甲以其结婚时张大爷未能为其盖新房为由剥夺张大爷对房屋的居住权,不符合法律规定。

法官提示

(一)子女应当尊重父母意愿保障其法定居住权

根据《老年人权益保障法》第十三条、第十六条第一款的规定，老年人养老以居家为基础，家庭成员应当尊重、关心和照料老年人。赡养人应当妥善安排老年人的住房，不得强迫老年人居住或者迁居条件低劣的房屋。

本案中，张大爷多年来一直居住于登记在张甲名下的房屋中，已经习惯了周边的生活环境，在当地形成了稳定的社交生活圈，且法院曾经在判决书中对张大爷在此房屋中居住的权利进行过认定。现在张大爷要求继续在此房屋中居住，是其对生活场所的自由选择，且具有法律依据，张甲应当予以尊重。张甲以张大爷还有两个子女为由，强迫张大爷离开该房屋的行为，既不符合法律规定，也不符合张大爷意愿，侵犯了张大爷的合法权益，法院不予支持。

（二）子女不得私自将父母享有居住权的房屋出租

根据《民法典》第三百六十九条的规定，设立居住权的住宅不得出租，但是当事人另有约定的除外。本案中，张大爷通过法院判决书确认了其对涉案房屋享有的居住权，因此张甲在未征得张大爷同意的情况下，意欲将该房屋出租的行为，不符合法律规定。

另外，根据《民法典》第三百六十八条的规定，设立居住权的，应当向登记机构申请居住权登记。居住权自登记时设立。本案中，张大爷对房屋的居住权在《民法典》施行前由法院以判决书的形式确认，由于当时不动产登记机构尚未开展居住权登记业务，如居住权未登记，不影响居住权本身的效力，但居住权不能取得对第三人的对抗效力。因此，为全面保障张大爷的居住权,张甲除应停止将房屋出租的行为外,还应当及时配合张大爷完成居住权登记。

法律链接

《中华人民共和国民法典》

第二十六条　父母对未成年子女负有抚养、教育和保护的义务。成年子女对父母负有赡养、扶助和保护的义务。

第三百六十六条　居住权人有权按照合同约定,对他人的住宅享有占用、使用的用益物权,以满足生活居住的需要。

第三百六十七条　设立居住权,当事人应当采用书面形式订立居住权合同。

居住权合同一般包括下列条款:

(一) 当事人的姓名或者名称和住所;

(二) 住宅的位置;

(三) 居住的条件和要求;

(四) 居住权期限;

(五) 解决争议的方法。

第三百六十八条　居住权无偿设立,但是当事人另有约定的除外。设立居住权的,应当向登记机构申请居住权登记。居住权自登记时设立。

第三百六十九条　居住权不得转让、继承。设立居住权的住宅不得出租,但是当事人另有约定的除外。

第一千零六十七条第二款 成年子女不履行赡养义务的，缺乏劳动能力或者生活困难的父母，有要求成年子女给付赡养费的权利。

第一千零六十九条 子女应当尊重父母的婚姻权利，不得干涉父母离婚、再婚以及婚后的生活。子女对父母的赡养义务，不因父母的婚姻关系变化而终止。

《中华人民共和国老年人权益保障法》

第十三条 老年人养老以居家为基础，家庭成员应当尊重、关心和照料老年人。

第十四条第一款 赡养人应当履行对老年人经济上供养、生活上照料和精神上慰藉的义务，照顾老年人的特殊需要。

第十五条第一款 赡养人应当使患病的老年人及时得到治疗和护理；对经济困难的老年人，应当提供医疗费用。

第十六条第一款 赡养人应当妥善安排老年人的住房，不得强迫老年人居住或者迁居条件低劣的房屋。

第二款 老年人自有的或者承租的住房，子女或者其他亲属不得侵占，不得擅自改变产权关系或者租赁关系。

第十九条第二款 赡养人不履行赡养义务，老年人有要求赡养人付给赡养费等权利。

案例二

如何保障再婚老伴儿晚年有个"家"？
——遗嘱设立居住权的注意事项

刘艳玲[①]

"老有所养、老有所依"一直是大家所追求的幸福愿景。《民法典》将居住权确定为法定物权，对于丰富居民住房形式、保障孤寡老人等弱势群体住房需要具有积极意义。居住权有两种设立方式：一是通过合同设立；二是通过遗嘱设立。在遗嘱中为在世一方配偶设立居住权，可以充分保障其居住权利，满足其安享晚年的生活需求。

[①] 刘艳玲，北京市延庆区人民法院立案庭（诉讼服务中心）法官助理。

前因后果

（一）公证遗嘱设立居住权

王大妈与李大爷是再婚伴侣，二人已办理结婚登记手续。李大爷名下有一套两室一厅的房屋。婚后王大妈对李大爷照顾有加，二人共同居住在涉案房屋内，未共同生育子女，婚姻关系持续至2021年李大爷去世。为了让王大妈安度余年，李大爷生前于2015年立下公证遗嘱，遗嘱声明：涉案房屋属于李大爷的产权份额由其子李某亮一人继承，李某亮继承房屋后，有义务将该房屋其中一间居室留给王大妈居住至其去世，但王大妈其他亲属不得入住该房屋。

（二）居住权效力存疑引冲突

王大妈是李大爷的第三任妻子，李某亮系李大爷与第一任妻子所生，李大爷购买涉案房屋时尚与第二任妻子陈某具有婚姻关系。李某亮认为，涉案房屋属于李大爷与陈某的夫妻共同财产，李大爷未经共有人陈某同意设立居住权的行为无效；而李大爷生前已经与陈某共同将房屋出售给李某亮，说明李大爷已经改变了主意，以实际行动撤回了所立遗嘱；且房屋已经过户到自己名下，自己是所有权人，王大妈的居住权没有登记就没有设立，王大妈对涉案房屋不享有居住权。因此，李某亮以房屋所有权人的身份多次上门骚扰王大妈，要求其搬离涉案房屋。王大妈无奈之下，诉至法院，请求判令其对涉案房屋其中一间居室享有居住权，并要求李某亮配合其办理居住权登记手续。

（三）多方调查房屋情况渐明晰

法院查明，李大爷与陈某登记结婚1年多后协议离婚。离婚协议约定：双方婚后无子女，离婚时无财产债务问题，家庭事务经协商已经妥善处理完毕。法院向陈某反复确认后，陈某亦自认其与李大爷离婚后和涉案房屋再无瓜葛；此后，李大爷与李某亮签订《存量房买卖合同》，约定以10万元的价格将涉案房屋出售给李某亮，并办理过户手续。但法院查明，李某亮并无充分证据证明其实际支付了购房款，且约定的购房价格不符合常理，因此难以认定李大爷与李某亮之间存在真实的房屋买卖关系。

（四）法院判决定纷争

一审法院判决：王大妈对涉案房屋享有居住权，居住范围包括该房屋临近厕所一间居室及除该房屋另一间居室以外的共用区域，居住权期限至王大妈去世之日止；李某亮应于判决生效之日起10日内配合王大妈到不动产登记机关办理上述居住权登记手续。李某亮不服，提起上诉。二审法院判决：驳回上诉，维持原判。

是非曲直

（一）《民法典》施行前以遗嘱设立居住权的行为可以适用《民法典》

李大爷通过公证遗嘱的方式，对其去世后王大妈在涉案房屋中的居住问题进行了相关安排，王大妈据此要求确认其对房屋享有居住权并办理居住权登记手续。上述遗嘱于 2015 年订立，自李大爷 2021 年去世时开始发生效力，此时《民法典》已经开始施行并增设了居住权制度。《最高人民法院关于适用〈中华人民共和国民法典〉时间效力的若干规定》第三条规定："民法典施行前的法律事实引起的民事纠纷案件，当时的法律、司法解释没有规定而民法典有规定的，可以适用民法典的规定，但是明显减损当事人合法权益、增加当事人法定义务或者背离当事人合理预期的除外。"因此，本案应当适用《民法典》进行裁判。

（二）遗嘱设立居住权遗嘱需有效

居住权是指居住权人对他人所有房屋的全部或者部分及其附属设施，所享有的占有、使用的权利，以满足生活的需要，是一种用益物权。根据《民法典》第三百六十六条、第三百七十一条之规定，居住权可通过合同方式或遗嘱方式设立。立遗嘱人为安排他人生活居住的需要，通过有效遗嘱的方式，允许他人在自己去世后占有、使用自己所有的特定住宅，并对居住条件及期限进行相关安排的，应当认定立遗嘱人具有为他人设立居住权的意思表示，他人在遗嘱生效后表示接受立遗嘱人遗嘱安排的，该遗嘱可以作为为他人设立居住权的依据。本案中，李大爷所立公证遗嘱，清晰表达其名下房屋其中一间居室留给再婚老伴儿王大妈居住直至其去世，且王大妈以提起诉讼的形式明确表达接受李大爷遗嘱之安排，完全符合遗嘱设立居住权的法定要件，应当认定王大妈可依据遗嘱享有涉案房屋的居住权。

（三）遗嘱设立居住权不以登记为生效要件

《民法典》规定，以合同方式设立的居住权，应当向登记机构申请居住权登记，居住权自登记时设立。但《民法典》也规定，因继承取得物权的，自继承开始时发生效力。因而，被继承人死亡后，由被继承人通过遗嘱安排居住权的继承人即取得居住权，居住权在遗嘱生效时已经设立，此时登记并非居住权的设立要件，而仅仅发挥强化物权公示效力的功能。本案中，在李大爷去世后，王大妈根据李大爷的遗嘱安排已经取得居住权，并因此有权要求李某亮协助其办理居住权登记手续，李某亮关于居住权未经登记尚未设立的说法不能成立。

（四）房屋提前过户是否影响居住权的执行

所谓居住权，就是对他人所有房屋占有和使用的权利。本案中，李大爷将涉案房屋过户给李某亮的行为与遗嘱为王大妈设立的居住权并不存在冲突。涉案遗嘱核心安排有二：一是由李某亮最终取得涉案房屋所有权；二是李某亮取得涉案房屋所有权的同时，需允许王大妈在房屋中继续居住，安享晚年。无论李大爷基于何种目的在其去世前将涉案房屋提前过户给李某亮，均与其遗嘱安排的内容实际效果相同，因此不能想当然认为其提前过户涉案房屋的行为就是撤回安置王大妈居住问题的意思表示，遗嘱内容仍需继续执行。

（五）居住权设立应合理

居住权的设立应当合理，以保障其可以顺利执行。本案中，法院担心仅指定一间居室供王大妈居住的笼统遗嘱，会让王大妈进不了门，出不了屋。为保障王大妈的居住权能够实际实现，法院本着以人为本的理念，从正常生活需求和相邻为善的角度，确认其对房屋的居住权还应包含该房屋的共用区域，以便其能够真正在房屋中安心居住。

法官提示

（一）遗嘱设立居住权不以书面形式为必要条件

居住权可通过合同方式设立，也可通过遗嘱方式设立，通过合同方式设立的居住权应当采用书面形式。《民法典》规定的遗嘱形式有自书遗嘱、代书遗嘱、打印遗嘱、口头遗嘱、录音录像遗嘱、公证遗嘱。遗嘱设立居住权不同于通过合同设立居住权，不以书面形式为必要条件，只要符合遗嘱的法定形式和效力即可，录音录像遗嘱、口头遗嘱只要合法有效，也可以设立居住权。

(二) 遗嘱居住权自遗嘱生效时已经设立

《民法典》规定通过合同方式设立的居住权，在登记之时才算正式设立，以遗嘱方式设立的居住权参照合同方式设立居住权的规定，但因继承取得物权的，自继承开始时发生效力，所以，因遗嘱取得居住权的，居住权自遗嘱生效时即设立，继承人继承房屋也不影响设立在先的居住权继续存在。但登记可以增强居住权的公示效力和公信效力，产生对抗第三人之效力。

(三) 设立居住权要及时登记预防争议

现实生活中为亲友安排居住权的实践其实由来已久，但在《民法典》施行之前，这种安排只被看作附属于所有权的一种使用权，无法登记公示。《民法典》施行之后，将居住权明确为一种法定的用益物权，以满足多主体供给、多渠道保障、租购并举的住房制度需要，使房屋能够物尽其用，尤其是对于保障老年人、离婚妇女等弱势群体的居住利益具有积极作用。《民法典》规定的居住权可以到不动产登记机关进行登记，具有很强的公示保障效力。所以，有效设立的居住权，如果具备登记条件,要及时登记正式设立,这样可以避免产生不必要的争议。

法律链接

《中华人民共和国民法典》

第二百三十条 因继承取得物权的,自继承开始时发生效力。

第三百六十六条 居住权人有权按照合同约定,对他人的住宅享有占有、使用的用益物权,以满足生活居住的需要。

第三百六十七条 设立居住权,当事人应当采用书面形式订立居住权合同。

居住权合同一般包括下列条款:

(一) 当事人的姓名或者名称和住所;

(二) 住宅的位置;

(三) 居住的条件和要求;

(四) 居住权期限;

(五) 解决争议的方法。

第三百六十八条 居住权无偿设立,但是当事人另有约定的除外。设立居住权的,应当向登记机构申请居住权登记。居住权自登记时设立。

第三百六十九条 居住权不得转让、继承。设立居住权的住宅不得出租,但是当事人另有约定的除外。

第三百七十条 居住权期限届满或者居住权人死亡的,居住权消灭。居住权消灭的,应当及时办理注销登记。

第三百七十一条 以遗嘱方式设立居住权的,参照适用本章的有关规定。

小　结

《民法典》首次规定居住权，为解决社会生活中老年人权益保障的难题交上了一份答卷，回应了"老有所居、老有所养"的民众期待。通过合同方式或遗嘱方式设立居住权，可以保障老年人晚年住有所居；子女不得以已经履行了某一种形式的赡养义务为由，剥夺父母的居住权。《民法典》关于居住权的规定对于保障老年人安度晚年具有重要意义。

图书在版编目（CIP）数据

送给父母的法律课堂：老年人权益保护案例精析／俞里江，张金海，郑东梅主编.—北京：中国法制出版社，2023.10

ISBN 978-7-5216-3909-4

Ⅰ.①送… Ⅱ.①俞… ②张… ③郑… Ⅲ.①老年人权益保障法-案例-中国 Ⅳ.①D922.75

中国国家版本馆CIP数据核字（2023）第185064号

责任编辑：程 思　　　　　　　　　　　　封面设计：杨鑫宇

送给父母的法律课堂：老年人权益保护案例精析
SONGGEI FUMU DE FALÜ KETANG：LAONIANREN QUANYI BAOHU ANLI JINGXI

编者／中国法制出版社
经销／新华书店
印刷／三河市紫恒印装有限公司
开本／880毫米×1230毫米　32开　　　印张／7.75　字数／160千
版次／2023年10月第1版　　　　　　　2023年10月第1次印刷

中国法制出版社出版
书号 ISBN 978-7-5216-3909-4　　　　　　　　　　定价：35.00元

北京市西城区西便门西里甲16号西便门办公区
邮政编码：100053　　　　　　　　　　传真：010-63141600
网址：http://www.zgfzs.com　　　　　编辑部电话：010-63141796
市场营销部电话：010-63141793　　　　印务部电话：010-63141606

（如有印装质量问题，请与本社印务部联系。）